공룡 X를 찾아라

웅진 주니어

한반도 최고의 발견 공룡 X를 찾아라

초판 1쇄 발행 2009년 8월 9일
초판 7쇄 발행 2014년 5월 14일

기획 이동희　글 신동경　그림 연못　감수 이융남
발행인 서영택　본부장 이홍　편집인 이화정　**책임편집** 손자영　편집 이유선
디자인 윤현이　교정교열 박사례　마케팅 양근모, 신동익, 박지영　제작 류정옥

임프린트 웅진주니어
주소 서울시 종로구 인사동9길 27 가야빌딩 2층
주문전화 02-3670-1570, 1571　팩스 02-747-1239
문의전화 02-3670-1586(편집)　02-3670-1005(영업)
홈페이지 www.wjjuior.com　페이스북 www.facebook.com/wjbook　트위터 (@wjbooks)

발행처 (주)웅진씽크빅
출판신고 1980년 3월 29일 제406-2007-00046호

글 ⓒ 신동경 2009
사진 ⓒ 한국·몽골 국제공룡탐사 2009. 고성군청, 서승교

웅진주니어는 (주)웅진씽크빅 단행본사업본부의 임프린트입니다.
저작권자와 맺은 특약에 따라 검인을 생략합니다.
이 책은 저작권법에 따라 보호받는 저작물이므로 무단전재와 무단복제를 금지하며,
이 책 내용의 전부 또는 일부를 이용하려면 반드시 저작권자와 (주)웅진씽크빅의 서면 동의를 받아야 합니다.

ISBN 978-89-01-09806-7 (74470)
ISBN 978-89-01-06043-9(세트)

이 도서의 국립중앙도서관 출판시도서목록(CIP)은 e-CIP홈페이지(http://www.nl.go.kr/cip.php)에서 이용하실 수 있습니다.
(CIP2009002107)

한반도 최고의 발견
공룡X(엑스)를 찾아라

MBC스페셜 **공룡의 땅**

기획·이동희 | 글·신동경 | 그림·연못 | 감수·이융남

웅진주니어

차례

프롤로그
내 얼굴을 찾아 줘! 6

1부 · 한반도에서 보물 찾기 8

공룡 박사의 비밀노트
공룡 X의 발자국과 우리나라 공룡 발자국 화석 16

공룡 박사의 비밀노트
우리나라 공룡 화석 지도 18

2부 · 울란바토르에서 힐멘자브까지 20

공룡 박사의 비밀노트
왜 고비 사막으로 가느냐고? 25

3부 · 고비 사막의 최강자 타르보사우루스 40

4부 · 안킬로사우루스와 타르보사우루스의 이빨 60

5부 · 공룡 X의 얼굴을 찾아라! 84

6부 · 화석 운반하기 102

7부 · 한반도 공룡 X가 되살아나다 114

공룡 박사의 비밀노트
공룡 X – 프로토케라톱스 – 트리케라톱스의 진화 경로   131

에필로그
내 친구를 찾아 줘!   134

추천사
공룡을 좋아하고, 공룡 학자를 꿈꾸는 아이들을 위한 훌륭한 지침서   136

프롤로그

내 얼굴을 찾아 줘!

난 10년이 넘도록 시화호 제방에서 내 모습을 드러낸 채 있었어. 그런데 아무도 나를 알아보지 못하더군. 그동안 수많은 사람이 내 위에 걸터앉아 햇빛에 반짝이는 물을 바라보았지만 숨어 있는 나를 찾지는 못했어.

그러다 2008년 5월 30일, 드디어 어느 눈 밝은 사람이 나를 알아보았어. 그러더니 사람들이 몰려들었지. 사진을 찍고, 내 위에 쌓인 먼지를 털어 내고 하더니만 제방에 있던 나를 어디론가 옮기기 시작했어.

그 후 한동안 나는 시끄러운 소리에 시달려야 했어. 사람들이 나를 둘러싼 암석을 기계로 쪼아 내는 소리였지. 내 모습이 드러나자 나를 둘러싼 사람들이 모두 환호성을 질렀어. 지금까지 한반도에서 발견된 공룡 화석 가운데 내가 가장 완벽하다고 말하면서 말이야.

완벽하다고는 하지만 사실 난 반쪽뿐이야. 그 반쪽이 내 얼굴 쪽이었다면 좋았을 텐데 불행히도 사람들이 발견한 건 내 뒷다리뼈와 꼬리뼈였어. 그래서 아직 아무도 내 얼굴이 어떻게 생겼는지 몰라. 나에게 공룡 X라는 이름을 붙인 것도 그 때문이지.

나도 내 얼굴을 모르긴 마찬가지야. 티라노사우루스처럼 무시무시한 모습일까? 트리케라톱스처럼 멋진 뿔과 프릴이 있을까? 오리주둥이 공룡처럼 주둥이가 길쭉할까? 정말 궁금해.

하지만 희망이 있어. 저기서 땅바닥을 뚫어져라 들여다보는 아저씨가 내 얼굴을 찾아 줄지도 모르거든. 나와 함께 가 보지 않을래?

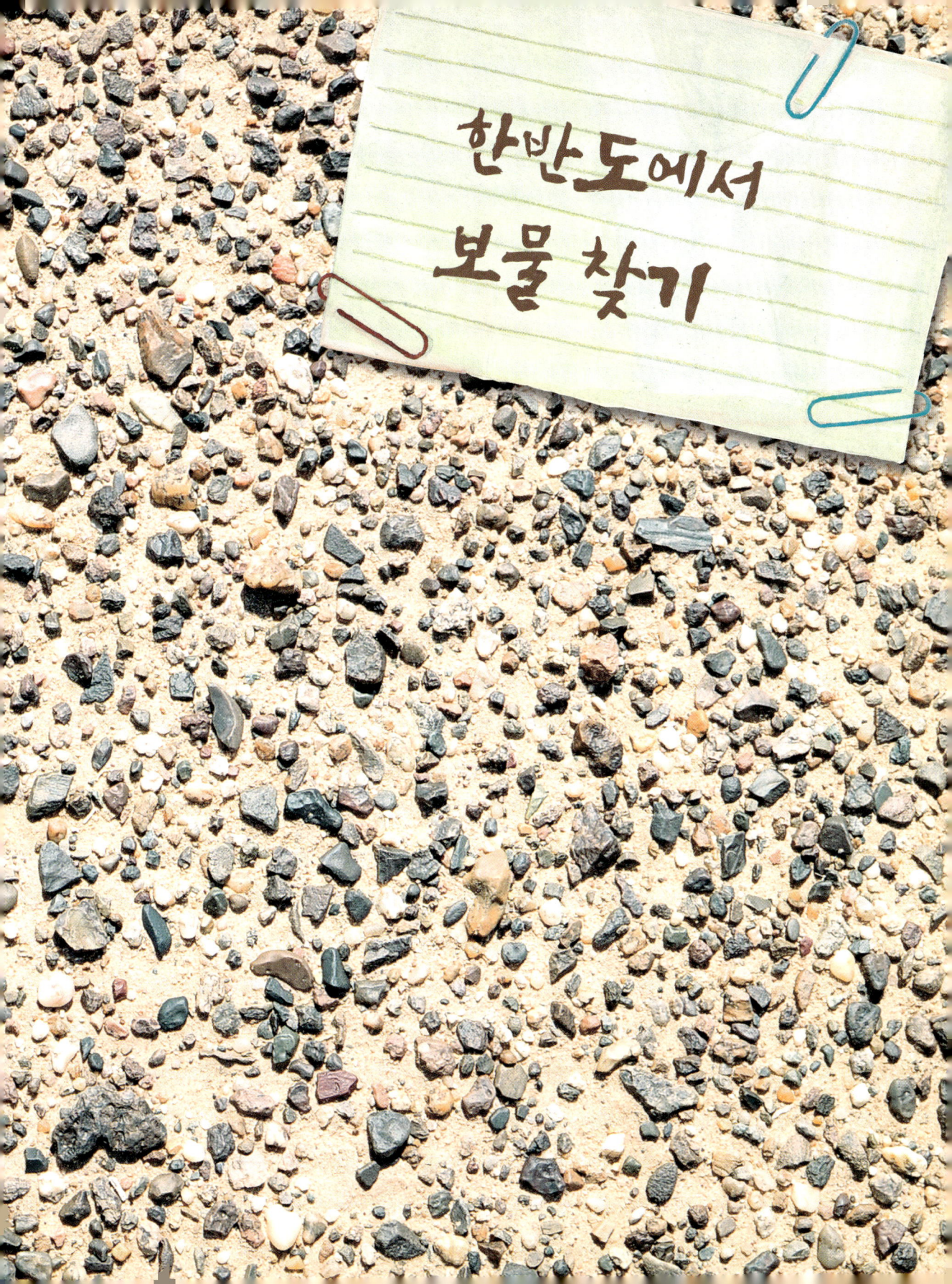

맞아요. 난 지금 저 녀석의 얼굴을 찾고 있어요. 그런데 내가 누구냐고요? 나는 척추고생물학자랍니다. 너무 어려운 말이라서 뭐 하는 사람인지 잘 모르겠다고요? 여러분의 등 가운데를 한번 만져 보세요. 딱딱한 뼈가 느껴지나요? 그 뼈가 바로 척추예요. 어류, 양서류, 파충류, 조류 그리고 포유류 동물에는 모두 척추가 있지요. 이렇게 척추가 있는 동물들 가운데 아주 오래전에 살았던 녀석들을 연구하는 것이 바로 내 일이랍니다. 그중에서도 특히 여러분이 좋아하는 공룡을 연구하는 것이 내 전문이지요. 그러니까 앞으로는 편하게 '공룡박사'라고 불러 주세요.

참! 나는 옛날이야기를 들려주는 사람이기도 해요. 여러분이 알고 있는 옛날이야기는 보통 몇백 년 전부터 기껏해야 몇천 년 전에 생긴 것들이지만, 내가 들려주는 옛날이야기들은 적게는 몇천만 년 전에서부터 많게는 몇억 년 전에 일어난 일이에요. 사람은 나타나지도 않았던 아주 먼 옛날의 이야기들이지요.

"말도 안 돼. 사람도 살지 않은 때에 일어난 일을 어떻게 알 수 있어요? 누가 박사님한테 그때 일을 이야기해 주기라도 한다는 건가요?"

"바로 너 같은 뼈들이 이야기를 해 주지. 그런데 대체 넌 누구냐?"

"누구긴 누구예요. 박사님이 찾고 있는 얼굴의 주인공, 공룡 X잖아요."

"아, 그렇지! 못 알아봐서 미안하구나. 얼굴이 없으니 기억하기가 쉽지 않아서 말이지."

11

"그런데 박사님! 뼈들이 말을 한다니 좀 으스스해요."

"아이고, 이 녀석아. 머리도 없는 주제에 조잘조잘 떠드는 네가 더 무섭다!"

머리 없는 녀석하고 말을 하려니 좀 섬뜩하네요. 공룡 X의 말대로 뼈들이 이야기를 들려준다는 것이 조금 이상하고 무섭게 느껴질지도 몰라요. 하지만 바로 저 녀석과 같은 뼈 화석들이 공룡 시대의 이야기를 전해 주는 것은 사실이랍니다. 뼈들이 어떻게 이야기를 들려주느냐고요? 너무 서두르지 마세요. 이 책을 읽다 보면 뼈들이 들려주는 이야기를 듣는 방법을 알 수 있을 테니까요.

당장 말해 줄 수 있는 건 뼈가 많으면 많을수록 공룡 시대에 대한 이야기를 자세히 들을 수 있다는 것뿐이에요. 지금까지 공룡 X를 발견한 지역 주변을 샅샅이 뒤진 이유도 바로 뼈를 하나라도 더 찾기 위해서였답니다. 하지만 안타깝게도 더 이상 공룡 X의 뼈는 나오지 않았어요. 아무래도 저 녀석의 정체를 밝히려면 다른 곳을 더 찾아봐야 할 것 같아요.

우리나라에는 공룡들이 남긴 화석이 꽤 많아요. 하지만 온전하게 보존된 채로 발견된 공룡 화석은 많지 않답니다. 지금 나는 공룡의 알과 둥지 화석이 있는 곳에 와 있어요. 공룡들이 집단적으로 번식했던 곳이지요.

　나는 여기서 알을 낳았던 공룡들의 이야기를 여러분에게 들려주고 싶어요. 어떻게 생긴 공룡이었는지, 새끼들은 어떻게 길렀는지, 이런 이야기 말이에요.

　그런데 지금은 그렇게 할 수가 없어요. 알의 모양만 보고는 이 공룡이 육식 공룡이었는지 초식 공룡이었는지 정도밖에는 알 수 없거든요. 더 많은 이야기를 알아내려면 뼈 화석이 있어야 해요.

　저 수다스러운 녀석이 발견되었을 때 사람들이 흥분했던 것도 다 그런 까닭에서였어요. 비록 꼬리 쪽이기는 하지만 몸통의 반 가까이나 남아 있었으니까요. 만약 머리가 달린 반쪽을 마저 찾는다면 여러분에게 들려줄 수 있는 이야기가 정말 많을 거예요.

"박사님, 그런데 왜 자꾸 머리뼈를 찾으려고 하는 거죠? 쭉 뻗은 꼬리만 봐도 내가 얼마나 멋진 공룡인지 단박에 알 수 있잖아요."

"그래, 네 꼬리가 멋지다는 건 인정하마. 그래도 머리뼈를 꼭 찾아야 해. 머리뼈를 보면 네가 냄새를 잘 맡았는지, 또 시력은 얼마나 좋았는지 알 수 있거든. 그뿐만 아니라 이빨을 보면 네가 무엇을 먹고 살았는지도 알 수 있어. 그리고 또 하나, 네 녀석이 지금 잘난 척하는 만큼 정말 똑똑했었 는지 알 수 있지. 머리뼈를 살펴보면 뇌가 얼마나 컸는지 짐작해 볼 수 있 거든."

공룡 X의 화석

아이고, 이 녀석 정말 수다스럽네요. 난 지금 공룡들의 발자국 화석이 발견된 곳에 와 있어요. 공룡 X가 발견된 근처를 샅샅이 뒤졌지만 그곳에선 더 이상 뼈 화석을 찾지 못했거든요. 그래서 혹시 이 녀

석의 발과 비슷한 모양의 발자국이 있나 찾으러 온 거예요.

　발자국을 보면 어떤 종류의 공룡이었는지, 어떻게 움직였는지, 얼마나 빨리 이동했는지 알 수 있어요. 이곳에 한 줄로 이어진 발자국들은 우리나라에서 가장 많이 발견되는 조각류 공룡들이 남긴 것이랍니다. 아마 다리 하나가 내 몸통만큼이나 두꺼웠을 거예요.

　그나저나 공룡 X의 발 모양과 맞는 발자국은 하나도 보이지 않네요. 아무래도 저 수다쟁이에 대해 좀 더 알려면 몽골의 고비 사막으로 가야 할 것 같아요.

　"수다쟁이! 너는 여기에서 기다리고 있어. 내가 고비 사막에서 네 머리를 꼭 찾아올 테니까."

공룡 박사의 비밀노트

공룡 X의 발자국과 우리나라 공룡 발자국 화석

우리나라에는 공룡 발자국 화석이 아주 많아. 특히 남해안 일대가 발자국 화석으로 유명하지. 발자국만 가지고 공룡에 대해서 많은 것을 알 수는 없지만, 대략 종류는 구별할 수 있어.

우선, 몸집이 엄청나게 컸고 네발로 걸었던 용각류 공룡의 발자국은 그 몸집만큼이나 크고, 둥그렇게 움푹 파인 모습이라 다른 공룡의 발자국들과 쉽게 구분할 수 있지. 두 발이나 네발로 걸었던 초식 공룡인 조각류 공룡의 발자국은 삼지창처럼 생긴 발가락이 특징이야. 그런데 이건 육식 공룡인 수각류 공룡의 발자국 특징이기도 해. 그렇다면 두 발자국을 어떻게 구분할 수 있을까? 날카로운 이빨과 무시무시한 발톱이 육식 공룡의 자랑거리잖아. 그와 마찬가지로 수각류 공룡의 발자국에도 날카로운 발톱 자국이 있어. 그것으로 조각류 공룡의 발자국과 수각류 공룡의 발자국을 구분하지. 그렇지만 오랜 세월이 지나는 동안 발자국이 조금씩 뭉개져서 발톱 자국이 희미해지기도 해. 이럴 땐 두 발자국을 구분해 내기가 무척 어렵단다.

↑ 대형 용각류 공룡의 앞발과 뒷발의 발자국

↑ 동그란 모양의 발자국이 특징인 중형 용각류 공룡의 발자국

↑ 삼지창 모양의 뭉툭한 발자국이 특징인 조각류 공룡의 발자국

↑ 클로버 모양의 특징을 보이는 조각류 공룡의 발자국

발가락 끝이 뾰족한 수각류 공룡의 발자국 →

자, 그럼 이제 공룡 X의 발자국을 살펴볼까? 발견된 발가락뼈 화석을 바탕으로 만들어 본 공룡 X의 발자국은 이런 모습이야.

어때? 공룡 X가 용각류 공룡이 아니라는 걸 금방 알겠지? 그런데 조각류, 수각류 공룡의 발자국하고도 분명히 다른 모양이야. 어떤 점이 다른지 알겠니? 그래 맞아. 발가락이 하나 더 있어. 공룡 X의 발자국은 지금까지 우리나라에서 발견된 그 어떤 공룡의 발자국과도 닮지 않았어. 지금껏 한 번도 발견된 적 없는 발자국. 그 발자국의 주인인 공룡 X는 과연 어떤 공룡일까?

우리나라 공룡 화석 지도

한반도가 공룡들의 천국이었다는 사실을 알고 있니? 공룡 화석은 몽골의 고비 사막이나 미국 같은 곳에 있는 게 아니냐고? 아마 이 지도를 보면 생각이 달라질 거야. 우리나라에서 공룡 뼈 화석이 발견된 경우는 드물지만 공룡 발자국 화석의 수와 종류는 그야말로 세계적이거든.

특히 남해안 지역에는 공룡이 걸어간 자취를 그대로 보여 주는 긴 발자국 행렬이 많이 남아 있어. 전라남도 해남의 우항리는 공룡 발자국과 익룡의 발자국을 한 번에 볼 수 있는 곳으로 유명한데, 이곳의 익룡 발자국은 이제껏 발견된 것 가운데에서 가장 큰 것으로 인정받고 있어. 그뿐만 아니라 우리나라 여러 곳에는 공룡이 낳은 알이 화석으로 변해 남아 있기도 해.

기회가 된다면 옆의 지도를 잘 살펴보고 직접 찾아가 보렴. 깜짝 놀라게 될 거야.

울란바토르에서 할멘자브까지

음, 상쾌한 공기. 비행기에서 내리니 정말 좋네요. 답답한 비행기 안에 몇 시간씩 갇혀 있어야 하는 건 정말 힘들어요. 아 참, 여기는 몽골의 수도 울란바토르예요. 여기에 온 이유는 고비 사막에 가기 위해서지요.

"박사님, 내 얼굴을 찾아 주겠다고 하더니 왜 이렇게 멀리까지 온 거예요?"
"아이고, 깜짝이야! 수다쟁이, 넌 사람을 놀라게 하는 재주는 타고났구나! 얌전히 기다리라고 했는데 대체 여기는 어떻게 따라온 거냐?"
"궁금해서 견딜 수가 있어야죠. 그래서 박사님 짐 사이에 몰래 숨어서 왔어요."

그새를 기다리지 못하고 따라온 걸 보니 이 녀석 인내심은 형편없군요. 어떻게 몇천만 년 동안이나 돌덩어리 속에 갇혀 있었는지 참 신기하지요?

내가 멀리 고비 사막까지 가려는 건 다 이유가 있어요. 우리나라에서 발견되는 공룡 화석들은 대부분 백악기 시대 것이에요. 공룡 X도 백악기 지층에서 나온 암석 속에 묻혀 있었지요.

그런데 고비 사막의 지층이 바로 우리나라 공룡 화석들이 발견된 지층과 비슷한 시대에 형성된 것이에요. 게다가 백악기에는 우리나라와 일본 그리고 몽골이 모두 한 덩어리로 붙어 있었어요.

"박사님, 잠깐만요. 좀 이상한 게 있어요. 몽골과 우리나라가 백악기에는 붙어 있다가 지금은 떨어졌다니요? 땅이 움직이기라도 했다는 건가요? 에이, 거짓말! 이렇게 단단한 땅덩어리가 어떻게 움직여요. 박사님이라고 부르라더니 순 엉터리네요."

"이 녀석, 인내심만 없는 줄 알았더니 의심도 많구나."

여러분도 이 녀석과 같은 생각인가요? 땅이 움직인다는 건 터무니없는 말처럼 들리지만 엄연한 사실이에요.

지구의 표면은 몇 개의 거대한 땅덩어리로 나뉘어 있어요. 그 땅덩어리들을 지판이라고 하지요. 지판들은 뜨겁고 물렁물렁한 맨틀 위에 떠 있는데, 맨틀이 움직이면 그 위에 떠 있는 지판들도 따라서 움직이지요. 그래서 시대에 따라 땅의 모습이 조금씩 바뀌는 거예요. 이런 변화가 아주 천천히 일어나기 때문에 우리가 알아채지 못할 뿐이지요.

아무리 오래 들여다보고 있어도 손톱이 자라는 걸 눈치채지 못하지만 손톱을 자를 때가 되면 그새 손톱이 자랐다는 걸 알 수 있는 것과 비슷하지요. 땅의 모습이 변하는 건 손톱이 자라는 것보다도 훨씬 더 느리게 일어나는 일이라서 알아채기가 쉽지 않아요. 하지만 지진이 일어날 때에는 땅이 움직이는 걸 몸으로 느낄 수 있지요.
　지금으로부터 먼 옛날인 백악기 시절에는 땅을 가르는 철책선도 없었을 테고 바다가 가로막지도 않았을 테니까 공룡들은 아마 자유롭게 몽골과 우리나라의 이곳저곳을 누비며 살았을 거예요. 그러니까 우리나라에서 발견된 공룡들이 몽골의 고비 사막에서 살았던 녀석들일 수도 있지요. 이 수다쟁이와 같은 종류의 화석을 고비 사막에서 찾을 수 있을지도 몰라요. 그게 바로 내가 여기까지 온 까닭이지요.

공룡 박사의 비밀노트

왜 고비 사막으로 가느냐고?

아주 오래전, 지구에는 판게아라는 거대한 대륙 하나밖에 없었어. 그랬던 것이 조금씩 움직이면서 점점 갈라져 곤드와나와 로라시아라는 커다란 두 개의 대륙이 되었고, 그것이 갈라져 지금의 모습이 되었지.

공룡 X가 살았던 백악기(1억 4500만 년 전 ~ 6500만 년 전)에는 우리나라와 몽골이 같은 대륙에 위치하고 있었어. 경계선이 없으니 같은 종류의 공룡들이 지금의 한반도와 몽골에 널리 퍼져서 살았을 수도 있지. 실제로 브라키오사우루스 화석이 아프리카와 북아메리카에서 모두 발견된 걸 보면 우리도 공룡 X의 화석을 몽골에서 찾을 수 있을지도 몰라.

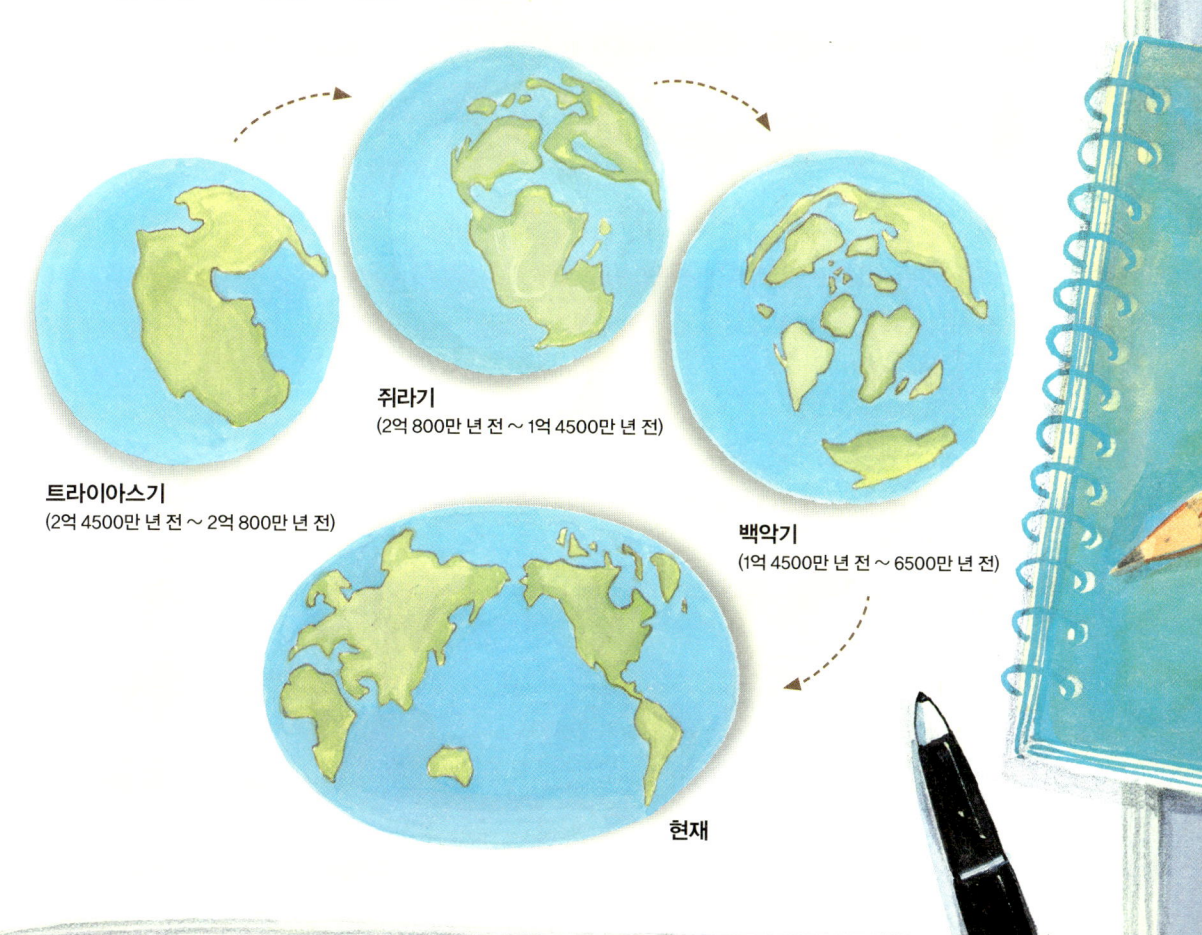

트라이아스기
(2억 4500만 년 전 ~ 2억 800만 년 전)

쥐라기
(2억 800만 년 전 ~ 1억 4500만 년 전)

백악기
(1억 4500만 년 전 ~ 6500만 년 전)

현재

그리고 고비 사막은 공룡을 연구하는 사람이라면 누구나 꼭 한 번 가 보고 싶어 하는 곳이에요. 고비 사막에는 백악기 지층이 아주 많이 남아 있어요. 그만큼 공룡 화석들이 많이 발견되지요.

우리가 아는 공룡들 가운데 꽤 많은 종류가 고비 사막에서 발견되어 세상에 알려졌어요. 그 가운데에서도 가장 유명한 것이 바로 **벨로키랍토르**와 **프로토케라톱스**가 싸우던 모습 그대로 화석이 된 것이랍니다.

프로토케라톱스

벨로키랍토르

"박사님, 얘들은 어쩌다가 이런 모습으로 화석이 되었을까요?"

"아마도 벨로키랍토르가 몹시 배가 고팠던 모양이다."

"박사 말이 맞아. 난 몹시 배가 고팠어. 그런데 내가 누구냐고? 난 **벨로키랍토르**야. 타고난 사냥꾼이지. 저 둔해 빠진 프로토케라톱스 녀석은 자기를 덮치기 전까지 내가 다가가는 걸 눈치채지도 못했다고. 나의 멋진 발톱으로 배를 가르려는 순간, 나는 그만 녀석한테 앞발을 물리고 말았어. 다른 때 같았으면 그런 실수를 하지 않았을 거야. 하지만 너무 배가 고픈 나머지 서두르다가 그만 실수를 하고 말았지. 그래도 그때 모래 언덕이 무너지지만 않았어도 저 녀석의 숨통을 끊고 맛있는 살점을 뜯어 먹었을 텐데……. 그랬다면 저 녀석은 뼈도 못 추렸을 거야. 물론 화석이 되는 건 꿈도 못 꿨겠지."

"순 거짓말쟁이 같으니라고! 그때 그 사건을 본 공룡이 없다고 네 멋대로 떠들어도 되는 거야? 아 참, 내 소개를 잊었군! 난 **프로토케라톱스**야. 혹시 고비 사막에서 가장 많이 발견되는 공룡이 누군지 아니? 바로 우리 프로토케라톱스야. 우리 화석이 많이 발견된다는 건 그만큼 우리가 번성했다는 증거라고 할 수 있지. 건방진 벨로키랍토르 녀석의 말처럼 우리가 그렇게 멍청하고 둔했다면, 어떻게 많은 화석을 남길 수 있었겠니? 사실, 난 저 녀석이 다가오는 걸 다 알고 있었어. 아무리 배가 고파도 그렇지, 그렇게 냄새를 풀풀 풍기며 다가오는데 어떻게 모를 수가 있겠어? 난 녀석이 으스대며 나를 덮치려고 할 때 앞발을 꽉 물었지. 내 배가 찢어진 건 순전히 우연이었어. 저 녀석이 아파서 허둥거리는 동안 녀석의 잘난 발톱이 내 배에 닿은 것뿐이라고. 그때 모래 언덕이 무너지지 않았다면 뼈도 못 추린 건 내가 아니라 아마 저 녀석이었을걸."

"박사님, 누구 말이 맞을까요?"

 "글쎄다. 8천만 년 전에 일어난 일을 모두 다 알 수는 없지."

화석만 가지고 모든 걸 알 수는 없어요. 워낙 오래전에 있었던 일이니까요. 그래도 이 화석은 꽤 재미있는 이야기를 우리에게 들려줍니다.

벨로키랍토르가 자기보다 덩치 큰 프로토케라톱스에게 달려들 만큼 용감한 사냥꾼이었다는 건 분명해요. 뒷발 둘째 발가락에 있는 발톱의 위력이 대단했다는 것도 알 수 있지요. 하지만 그런 벨로키랍토르라 할지라도 사냥이 그렇게 쉽지는 않았을 거예요.

화석이 보여 주듯이 프로토케라톱스가 초식 공룡이긴 해도 양처럼 온순하기만 한 녀석은 아니었던 것 같아요. 강력한 부리로 벨로키랍토르의 앞발을 물어 절대로 놓치지 않다가 결국 부러뜨린 것을 보면 말예요.

이 수다쟁이와 상대하다 보니 벌써 시간이 많이 지났네요. 어서 빨리 고비 사막으로 가야겠어요. 자기 얘기를 떠벌리고 싶어 안달이 난 화석들이 고비 사막 곳곳에서 나를 기다리고 있을 테니까요.

"수다쟁이! 너도 어서 서둘러라. 그렇게 어물거리면 이번에는 진짜 남겨 두고 갈 거야."

아무리 바쁘더라도 준비물은 잘 챙겨야겠지요? 우리가 갈 곳은 마을에서 아주 멀리 떨어진 곳이에요. 40일 동안 그곳에서 지내야 하는데 필요한 물품이 떨어지면 구할 방법이 없으니 미리미리 꼼꼼하게 준비해야 하지요. 먼저, 텐트와 삽을 비롯한 발굴 도구를 챙겨야 해요. 다음으로 중요한 것은 물이에요. 사막에 물이 없다는 건 잘 알고 있지요? 혹시 아프거나 다칠 수도 있으니 구급약도 잊지 말고 잘 챙겨야 해요. 그리고 내가 좋아하는 초콜릿 과자도 빼먹으면 안 된답니다.

"박사님, 제가 먹을 것은 안 가져가나요?"

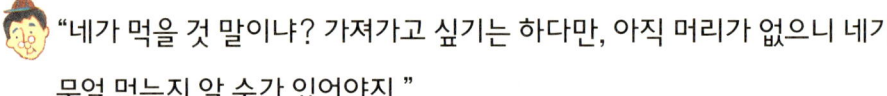 "네가 먹을 것 말이냐? 가져가고 싶기는 하다만, 아직 머리가 없으니 네가 무얼 먹는지 알 수가 있어야지."

가져갈 짐만 해도 몇 트럭이네요. 국제공룡탐사대라 함께 갈 사람이 많다 보니 짐도 많아요.

나, 제이콥스 박사
난, 커리 박사

그럼 이번 탐사를 함께 할 분들을 소개하지요. 세계척추고생물학회 회장이었던 미국의 제이콥스 박사, 육식 공룡 전문가인 커리 박사를 비롯한 13명의 공룡 학자, 그리고 공룡 학자들을 지원해 줄 사람들까지 합쳐 모두 30명이에요.

내가 바로 이번 탐사대의 대장이지요.

나는야, 탐사 대장 이융남!

"자, 다들 모였나요? 그럼 어서 출발합시다. 고비 사막까지 며칠은 걸릴 거예요."

"왜 내 소개는 안 하세요?"

"그것도 얼굴이 없어서 안 되겠는걸? 아직 네가 온전한 모습이 아니어서 소개하기가 어렵잖니. 서운해하지 말고 잘 따라오기나 해라."

출발하고 이틀 동안은 별탈 없이 잘 왔어요. 그런데 사흘째 되는 날, 일이 생기고 말았어요. 트럭이 모래 구덩이에 빠지고 만 거예요. 사막에서는 종종 벌어지는 일이지요.

1920년대에 이곳에 왔다 간 미국 탐사대는 낙타를 타고 이동했다고 해요. 트럭보다 느리긴 했겠지만 이렇게 모래 구덩이에 빠져서 오도 가도 못하고 고생하지는 않았겠지요?

탐사 대원들이 손으로 모래를 퍼내고 있네요. 나도 얼른 가서 도와야 하겠어요. 모래 구덩이에서 얼른 빠져나오지 못하면 화석 발굴은커녕 우리가 화석이 될지도 모르니까요.

휴, 드디어 목적지에 도착했어요. 울란바토르를 떠난 지 나흘 만이에요.

여기는 고비 사막 서쪽에 있는 힐멘자브라는 곳이에요. 지금 눈에 보이는 것은 모두 7천만 년 전에 생긴 지층이지요. 사방을 둘러봐도 나무 한 그루, 집 한 채 보이지 않아요. 온통 모래와 바위산뿐이에요.

여러분한테는 이 풍경이 황량하게 보이겠지만 나한테는 지구에서 가장 멋진 모습이에요. 수천만 년 전에는 저 계곡 사이로 초식 공룡들이 떼를 지어 먹이를 찾아다녔겠지요? 저 언덕 위에서는 육식 공룡 한 마리가 무리에서 뒤처지는 새끼 공룡을 노리고 있었을지도 몰라요.

그 공룡들이 남긴 화석이 바로 이 사막에 숨어 있어요.

당장 화석을 찾으러 가고 싶은 마음이 굴뚝같지만 오늘은 늦었으니 텐트부터 쳐야겠어요. 내일 아침이면 숨겨진 화석을 찾아 사막 여기저기를 돌아다닐 수 있다고 생각하니 벌써부터 가슴이 두근거려요.

새로운 공룡 화석을 찾아서 그 공룡에게 새로운 이름을 붙이는 건 모든 공룡 학자들의 꿈이지요. 수천만 년 동안 바위 속에서 잠자던 공룡을 깨우는 일은 정말 가슴 설레는 일이에요.

아, 아무래도 오늘 밤에는 잠을 설칠 것 같아요.

고비 사막의 최강자 타르보사우루스

"아니, 이 녀석아. 왜 사람을 그렇게 빤히 보는 거냐? 내 얼굴에 뭐라도 묻었니?"

"가슴이 두근거려 잠을 설칠 거라고요? 박사님 코 고는 소리 때문에 저야말로 한숨도 못 잤다고요. 그나저나 이 넓은 곳에서 어떻게 화석을 찾나요?"

"특별한 기술은 없어. 뚫어져라 땅을 내려다보면서 걷고 또 걷는 거지. 아마 오늘 하루 종일 걸어야 할 테니 각오 단단히 하고 쫓아오너라."

화석을 찾는 데 특별한 기술이 없다고 했더니, 수다쟁이가 날 이상한 눈으로 보는군요. 박사라고 하더니만 아는 것도 별로 없다는 눈치예요. 하지만 사실입니다. 화석이 금속이라면 금속 탐지기라도 사용

할 텐데, 아직까지 화석을 탐지해 내는 기계 같은 것은 없거든요. 오로지 자신의 다리와 눈에 기대는 수밖에 없지요.

 눈을 부릅뜨고 천천히 걸으면서 찬찬히 땅바닥을 살펴야 합니다. 그렇게 걷다 보면 하루에 수십 킬로미터를 걷기도 하지요. 이곳처럼 한낮 기온이 섭씨 40도가 넘는 곳에서 화석을 찾으려면 무엇보다 체력이 좋아야 해요. 그래야만 끈기 있게 숨어 있는 화석을 찾아다닐 수 있거든요.

 하지만 하루 종일 걷고도 작은 뼛조각 하나 발견하지 못할 때도 있어요. 그런 날에는 정말 온몸의 기운이 쪽 빠지지요.

그런데 말이에요, 어떤 때에는 화석이 '나 여기 있다.' 하고 부르는 느낌이 들기도 해요. 실제로 화석이 부르는 곳으로 가서 아주 귀한 화석을 발견한 적도 있어요. 하지만 정말로 화석이 날 부른 것은 아닐 거예요. 화석을 찾고 싶은 간절한 마음 때문에 그런 착각을 한 것이겠죠.

특별한 기술은 없지만, 오랫동안 화석 발굴을 하러 돌아다니다 보면 나름대로 화석을 발견하는 방법을 터득하기도 한답니다.

예를 들어, 저기 보이는 비탈에 뼛조각이 흩어져 있으면 그 위 언덕 지층에 화석이 묻혀 있을 가능성이 많아요. 지층 속에 묻혀 있던 화석이 모래바람에 깎여 언덕 아래 비탈로 흘러내리기 때문이지요. 자, 그럼 어디 한번 저 언덕 아래로 가 볼까요?

여기 뼛조각처럼 보이는 게 흩어져 있네요. 이게 죽은 지 얼마 안 된 동물의 뼛조각인지 아니면 화석인지 알 수 있는 방법이 있어요. 바로 혀에 붙여 보는 것이랍니다. 어디 한번 해 볼까요? 혀에 딱 달라붙어 떨어지지 않는 걸 보니 화석이 분명하네요. 최근에 버려진 뼈였다면 금방 떨어졌을 거예요. 왜냐하면 고비 사막에서 바짝 건조된 화석들은 혀의 물기가 화석의 미세한 구멍으로 빨려 들어가면서 혀에 찰싹 달라붙거든요. 신기하죠? 사실 이 방법은 이번 탐사를 함께 하고 있는 제이콥스 박사가 가르쳐 주었어요.

이제 비탈을 올라가면서 뼈 화석을 더 찾아볼까요?

아, 여기 뼈 화석이 있네요. 부서질지도 모르니까 조심스럽게 먼지를 털어 내야 해요. 이건 **타르보사우루스**의 뒷발 중에서도 오른발 둘째 발가락의 둘째 마디예요.

"우아! 박사님, 정말 대단해요. 척 보기만 하고도 어떤 공룡의 뼈인지 금방 아시네요. 게다가 어떤 부분의 뼈인지도 단박에 알아내시다니, 이제야 정말 박사님이 맞는 거 같아요."

"아이고, 녀석도 참. 이제야 내가 공룡 박사란 걸 믿겠니?"

"그럼요, 믿고말고요. 그런데 어떻게 그렇게 금방 알아내신 거예요?"

"다 아는 방법이 있지. 하지만 네 녀석한테는 못 가르쳐 줘. 날 믿지 못한 벌이다."

내가 뼈를 보자마자 어떻게 '타르보사우루스의 오른발 둘째 발가락 둘째 마디'라는 걸 금방 알 수 있었는지 궁금하지 않은가요? 공룡학자들은 발견한 뼈 화석을 연구해서 논문으로 발표하는데 그런 논문에는 발견한 뼈 그림이 실려 있어요. 나처럼 발굴 경험이 많은 공룡 연구자들은 관심이 있는 공룡들의 뼈 형태를 거의 외워버리지요. 머릿속에 공룡 뼈 도감을 통째로 넣고 다니는 셈인 거예요.

　자, 이제 뼈를 작은 봉투에 넣고 발견한 위치와 뼈의 상태, 지층을 꼼꼼하게 기록해 볼까요? 사소한 것이라도 빠뜨리지 않고 기록해 두어야 합니다. 이 작은 뼈가 발견된 위치가 아주 중요한 다른 사실을 알려 줄 수도 있으니까요.

　비탈을 따라 조금 더 올라가다 보면 타르보사우루스의 다른 뼈들을 찾을 수 있을지도 모르겠어요. 어, 그런데 날씨가 심상치 않네요. 갑자기 바람이 세졌어요.

"박사님, 왜 텐트에만 계세요? 제 얼굴은 언제 찾아 주실 거예요, 네? 어서 밖에 나가서 화석을 찾아야죠."

"나도 그렇게 하고 싶은 마음이 굴뚝같다만 밖을 내다보렴. 며칠째 저렇게 세찬 모래 폭풍이 불고 있잖니. 네가 모래 폭풍을 잠재워 준다면 당장이라도 나가 네 얼굴을 찾아 주마."

오늘처럼 모래 폭풍이 부는 날에는 꼼짝없이 텐트에만 있을 수밖에 없어요. 모래 폭풍이 불면 한 치 앞도 볼 수 없거든요. 게다가 모래 알갱이들이 시속 60킬로미터로 날아다녀요. 시속 60킬로미터면 자동차가 꽤 빠른 속도로 달리는 것과 같지요. 그러니까 모래 폭풍은 좁쌀만 한 자동차들이 온통 하늘을 뒤덮은 채 빠른 속도로 달리는 것과 마찬가지예요. 그러니 텐트 안에서 그동안 발굴한 화석들을 살펴보면서 지낼 수밖에요.

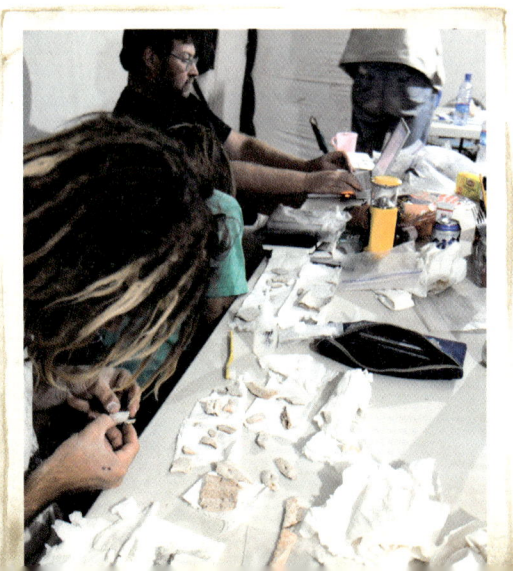

　모래 폭풍 때문에 음식도 온통 모래투성이가 되어 버렸어요. 밥을 먹을 때마다 서걱서걱 모래 씹히는 소리가 납니다. 모래가 섞인 음식을 먹는 것도 고역이지만 무엇보다도 밖에 나가 화석을 찾지 못하는 것이 가장 괴로워요. 발가락뼈를 발견한 비탈 근처에서 분명히 다른 뼈 화석들이 날 기다리고 있을 텐데 말이에요. 그걸 생각하니, 내가 좋아하는 초콜릿 과자도 하나도 맛이 없네요. 모래 폭풍이 멈춰 준다면 모래라도 씹어 먹을 수 있을 것 같은데……. 언제쯤 바람이 잠잠해질까요?

　"박사님, 힘내세요. 곧 모래 폭풍이 멈추겠죠."
　"그래, 너도 참고 기다리렴. 내가 꼭 네 얼굴을 찾아 주마!"

역시 발가락뼈를 발견한 곳 근처에 다른 뼈들이 있었어요. 여기 이 멋진 이빨 좀 보세요. 다행스럽게도 모래 폭풍은 얼마 가지 않아 멈춰 주었어요. 안 그랬으면 이 멋진 녀석을 구경도 못했겠죠?

"와, 멋져요! 혹시 이게 제 머리뼈가 아닐까요?"

"이런, 그렇게 생각했니? 그런데 어쩌지? 이건 타르보사우루스의 아래턱이란다. 턱뼈 상태를 보니 청소년쯤 되겠는걸?"

하늘을 나는 듯한 기분이에요. 타르보사우루스의 턱뼈를 발견하는 건 아주 드문 일이거든요.

이 턱뼈 둘레에 머리뼈의 다른 부분이 묻혀 있을지도 몰라요. 확인해 보기 위해서는 탐사 대원들을 모두 불러와야 하겠어요. 모두가 달려들어도 아마 며칠은 걸려야 발굴할 수 있을 거예요.

"박사님, 잠깐만요. 이빨만 봐도 무시무시한데, 이 녀석을 꼭 파내야 하나요? 여기 그냥 이렇게 바위 속에 처박아 두면 안 될까요?"

"아까는 멋지다고 하더니 그새 생각이 바뀌었니? 네가 살았던 백악기에 함께 지낸 녀석이니 좀 친해져 보는 게 어때?"

"절 물지만 않는다면 그렇게 해 보죠, 뭐. 그런데 이 무지막지하게 생긴 녀석은 어쩌다가 화석이 되었나요?"

"그건 네가 직접 물어보렴. 네가 까불지만 않는다면 친절하게 대답해 줄 거야."

"난 **타르보사우루스**다. 몸길이는 12미터, 키는 5미터나 되지. 몸무게는 6톤이야. 대형 화물 트럭이 걸어 다닌다고 생각하면 돼. 난 두 발로 걸어 다니고, 톱날처럼 생긴 이빨이 60개나 있어. 작고 짧은 앞발은 보잘것없어 보이지만 200킬로그램쯤은 거뜬히 들어 올릴 수 있지. 사나워 보이는 외모와 걸맞게 나는 초식 공룡들을 잡아먹고 사는 육식 공룡이야. 두 눈은 앞을 향하고 있어서 먹잇감이 얼마나 떨어져 있는지 잘 알 수 있어. 나처럼 사냥을 하는 육식 공룡들에게는 필수 조건이지. 너희들이 잘 알고 있는 티라노사우루스의 조상이 바로 나, 타르보사우루스야. 내가 살던 시대에는 감히 내 앞에 나서는 공룡이 없었지. 모두 꽁무니를 빼기 바빴으니까!"

타르보사우루스는 아주 거대한 공룡이에요. 특히 머리가 컸지요. 두개골의 크기만 1미터가 넘거든요. 하지만 덩치에 비해 다리가 좀 약했어요. 그 상태로 살았다면 아마 뒤뚱뒤뚱 걷다가 걸핏하면 넘어졌을 거예요. 머리가 무거워서 균형을 유지하기도 힘들었겠죠. 또한 공룡 세계에서 왕 노릇도 하지 못했을 거예요. 하지만 타르보사우루스에게는 자기 몸무게를 줄일 수 있는 방법이 있었답니다. 머리뼈에서부터 꼬리의 아홉 번째 뼈마디까지 구멍이 숭숭 뚫려 있었는데, 그 안에 공기를 가득 채워 몸을 가볍게 한 거예요. 오늘날 새들도 그런 방식으로 몸을 가볍게 하지요. 타르보사우루스가 의도적으로 그렇게 했다는 말이 아니라, 그런 형태로 진화했기 때문에 불리한 신체 조건으로도 훌륭한 사냥꾼이 될 수 있었다는 뜻입니다.

아쉽네요. 며칠간 고생했지만 목뼈만 몇 개 더 찾았을 뿐이에요. 탐사 때마다 느끼는 것이지만 몸 전체가 남아 있는 화석을 찾는다는 건 쉬운 일이 아닌 것 같아요. 아주 운이 좋아야 하지요.

 "으르렁!"

 "어이쿠, 깜짝 놀랐잖아! 박사님, 이 녀석 좀 어떻게 해 주세요. 바위에서 꺼내 주니까 바로 잡아먹을 듯이 제게 덤벼들잖아요. 그래그래, 네가 잘난 공룡이란 건 잘 알겠으니 그만 좀 으르렁거리지그래? 그런데 너처럼 힘센 공룡이 어쩌다가 바위 속에 처박히게 된 거야?"

 "얘기가 좀 긴데, 괜찮겠어?"

 "괜찮아. 어서 해 봐."

이런, 혹이 하나 늘었네요. 타르보사우루스는 방금 깨어나서 어리둥절할 테니 그 이야기는 내가 대신 해 줄게요.

저 녀석은 개울 근처에서 쓰러졌을 거예요. 사냥을 하다가 부상을 당해 그렇게 되었겠죠. 저 녀석이 숨을 거둔 뒤에 살점은 썩어서 없어졌고 뼈만 남게 되었어요. 썩기 전에 다른 타르보사우루스나 작은 육식 공룡들이 살점을 뜯어 먹었을 수도 있어요. 그래서 뼈가 여기저기로 흩어졌을 거예요.

마침 그때 큰비가 내려 불어난 개울물이 어떤 뼈들은 쓸어 가 버렸고, 우리가 발굴한 뼈들은 진흙에 묻혔을 거예요. 그 뒤로도 개울물이 실어 온 진흙과 모래가 켜켜이 쌓였지요. 그리고 한참 시간이 흐르면서 진흙은 단단하게 굳어 돌이 되었고, 그 속에 묻힌 뼈는 화석이 되었답니다. 원래 뼈에는 구멍이 많은데 광물질이 그 구멍을 채워 단단해지면 화석이 되거든요.

7천만 년이라는 긴 세월이 흐르는 동안 지구는 온갖 변화를 겪었을 거예요. 개울물이 말라 물길이 사라지기도 하고, 땅이 솟아올라 산이 되었다가 다시 내려앉기도 했을 거예요. 세찬 모래바람이 흙과 바위를 깎아 내기도 했겠죠. 수많은 지각 변화 끝에 결국 지금 우리가 보고 있는 모습이 되었고, 깊이 묻혀 있던 타르보사우루스의 뼈 화석도 우리 눈앞에 나타나게 된 거예요.

🦖 "우아, 박사님 대단한데요! 내가 겪은 일을 어떻게 그리 잘 알아요?"

🧑 "녀석, 놀라긴. 이래 보여도 내가 공룡 박사 아니냐!"

화석이 되는 건 쉬운 일이 아니에요. 죽은 뒤에 흙에 묻히지 않으면 뼈는 비나 바람, 또는 뼈를 분해하는 작은 생물들 때문에 산산이 흩어져 흔적도 남지 않게 되거든요. 그러니까 화석이 되는 동물은 아주 운이 좋은 셈이에요. 그런 화석들이 우리에게 발견되는 건 더욱 운이 좋아야 가능한 일이고요.

사람이 살지도 않았던 시대의 생명체에 대한 이야기를 들려준다는 걸 생각하면, 화석은 정말 귀한 것이랍니다. 특히 나처럼 공룡을 연구하는 사람들한테는 다이아몬드보다 몇백 배는 더 귀중한 물건이지요.

🧑 "타르보사우루스야, 넌 어디 좀 가 있다가 내가 부르면 오는 게 좋겠구나. 데리고 다니기엔 네 덩치가 너무 커서 말이야."

📦 "박사님, 좋은 생각이에요. 사실 저 녀석이 입을 벌릴 때마다 무서워서 살이 덜덜 떨린다고요."

🦖 "잘 알겠어요. 나를 오랜 잠에서 깨워 준 분의 말씀이니 그렇게 할게요. 그렇지만 너, 공룡 X! 다음에 내 얼굴을 볼 때는 조심하는 게 좋을 거야. 난 너처럼 까부는 녀석이 더 맛있거든."

> 공룡 박사의 비밀노트

공룡은 어떻게 화석이 되었을까?

화석이 되는 건 꽤나 어려운 일이야. 여러 가지 까다로운 조건이 맞아야 화석이 될 수 있지. 또한 어떤 생물의 화석이 자주 발견된다는 건 그 생물이 그 시대에 아주 번성했다는 것을 의미해. 세계 곳곳에서 공룡 뼈 화석과 공룡 발자국 화석이 발견되는 걸 보면 아주 오래전에 공룡들이 번성했다는 걸 알 수 있어. 그럼 공룡이 어떻게 화석이 되었는지 알아볼까?

우선, 공룡이 죽은 뒤에 진흙이나 모래 속에 깊이 묻혔어. 그래서 다른 동물들이 모두 먹어 치우지 못한 거지. 흙 속에 묻혀 있는 동안 박테리아 같은 미생물들이 부드러운 살점을 분해해서 먹었어. 살이 썩어서 없어지는 거지.

그러는 사이에 그 위에 몇 차례 흙이 쌓여서 단단하게 굳고 공기조차 잘 통하지 않게 되었어. 그렇게 한참 시간이 흐르는 동안 흙 속을 흐르는 지하수의 광물질이 뼛속으로 스며들었어. 이제 공룡 뼈는 단단한 돌처럼 변해서 잘 부서지지 않게 되었지.

공룡 화석은 이런 상태로 수천만 년을 잠자다가 우리한테 발견되는 거야. 공룡 발자국 화석도 비슷한 과정을 거쳐 만들어져. 그런데 우리한테 발견되는 화석은 운이 좋은 거야. 지각 변동으로 화석이 땅속 깊이 들어가 버리거나 운 좋게 지표면에 나왔더라도 우리가 찾기 전에 비바람에 모두 깎여 없어질 수도 있을 테니까.

공룡 발자국 화석이 만들어지는 과정

공룡이 발자국을 남긴다.

발자국이 굳어 단단해진다.

그 위를 퇴적물이 덮는다.

퇴적물이 벗겨지면 그 시대의 공룡 발자국이 나타난다.

안킬로사우루스와 타르보사우루스의 이빨

"박사님, 그 꼴이 뭐예요? 머리는 빗자루처럼 뻣뻣하고. 어휴, 이 지독한 냄새! 도대체 며칠 동안이나 목욕을 안 하신 거예요?"

"가만, 내가 목욕한 게 언제였더라? 음……. 그러고 보니 이곳에 온 뒤로는 목욕한 적이 없는걸? 어디 한번 따져 보자. 그래, 오늘로 20일째다."

"에구, 지저분해라! 나한테서 좀 멀리 떨어지세요. 이제부터는 공룡 박사가 아니라 지저분 박사라고 부를 거예요."

"네 맘대로 하렴. 그러는 너는 깨끗한 줄 아니?"

허 참, 그 녀석. 똥 묻은 개가 겨 묻은 개 나무란다더니 꼭 그 꼴이네요. 사실 내가 봐도 내 모습이 지저분하기는 해요. 하지만 물이 부족한 사막에서 탐사 활동을 할 때에는 어쩔 수 없는 일이랍니다. 목욕은커녕 세수하고 머리를 감는 것도 쉽지 않지요.

집에 있을 때처럼 물을 막 쓰다가는 금방 물이 떨어지고, 화석을 찾는 일도 멈출 수밖에 없어요. 사람은 마실 물이 없으면 살 수 없으니까요. 그래서 몸을 씻을 때에도 물을 아낄 수 있는 기구를 사용한답니다. 빨래를 할 때에도 작은 물통에 물을 붓고는 옷을 넣어 몇 차례 주물럭거리는 게 다예요.

이렇게 온갖 방법으로 아껴 썼는데도 물이 거의 떨어졌어요. 그래서 트럭 한 대가 물탱크를 싣고 막 떠나려 하고 있어요. 여기에서 가장 가까운 우물로 가서 물탱크에 물을 가득 채워 올 거예요. 우물까지의 거리는 60킬로미터 정도밖에 안 되지만 길이 좋지 않은 사막이기 때문에 꼬박 하루는 걸릴 거예요.

탐사 현장에서는 불편한 게 한두 가지가 아니에요. 이런 곳에서는 깨끗하고 편안한 화장실 같은 건 기대할 수 없어요. 배가 아프면 휴지를 들고 천막만 달랑 쳐 둔 화장실로 가야 하지요. 삽으로 판 구덩이 위에 쪼그리고 앉아서 하늘을 바라보며 똥을 눈 다음 냄새가 나지 않도록 모래로 덮어요. 고양이가 똥을 눈 뒤 하는 짓과 비슷하지요.

불편한 게 한두 가지가 아니기는 해도 난 이렇게 탐사 현장에 있을 때가 가장 행복해요. 몇 걸음만 걸어 나가면 내가 좋아하는 공룡 화석들을 만날 수 있기 때문이지요.

여러분에게만 살짝 알려 주는 건데, 사실 난 지금 똥을 누고 있어요. 하지만 이렇게 쪼그리고 앉아서도 오로지 공룡 생각뿐이랍니다. 화장실에 오기 전에 무전을 받았는데 다른 탐사 대원이 화석을 발견했다고 하네요. 어서 볼일을 끝내고 가 보아야 하겠어요. 끙.

우아, 정말 멋지군요! 갑옷 공룡인 **안킬로사우루스**의 화석이에요. 수많은 공룡 중에서도 내가 특별히 좋아하는 공룡이지요. 지금 보이는 건 몸통의 갈비뼈들과 골반뼈들이에요. 내 코가 벌름벌름하는 걸 보니 이 뼈들 말고도 주변에 다른 부분의 화석들이 더 있을 거 같아요.

"참 나, 코가 벌름벌름하는 걸 보고 화석이 있는지 없는지 어떻게 알아요? 박사님 코가 화석 탐지기라도 된다는 말씀이세요?"

"아니 뭐, 그런 예감이 든다는 말이지. 화석이 더 나올지 아닐지는 땅을 파 보면 알겠지? 그래도 갈비뼈와 골반뼈의 상태가 이만큼 좋은 걸 보면 다른 뼈들도 나올 가능성이 높아. 이건 자신 있게 말할 수 있어!"

갈비뼈
허리 갈비뼈
골반뼈
허리 척추뼈

이 정도면 탐사 대원 모두가 달려들어야 하겠는걸요? 우선 뼈가 발견된 위치와 지층, 발굴 당시의 뼈 모양 등을 자세히 기록해요. 물론 사진도 찍어야 하죠. 기록은 새로운 뼈 화석이 발견될 때마다 계속해야 합니다.

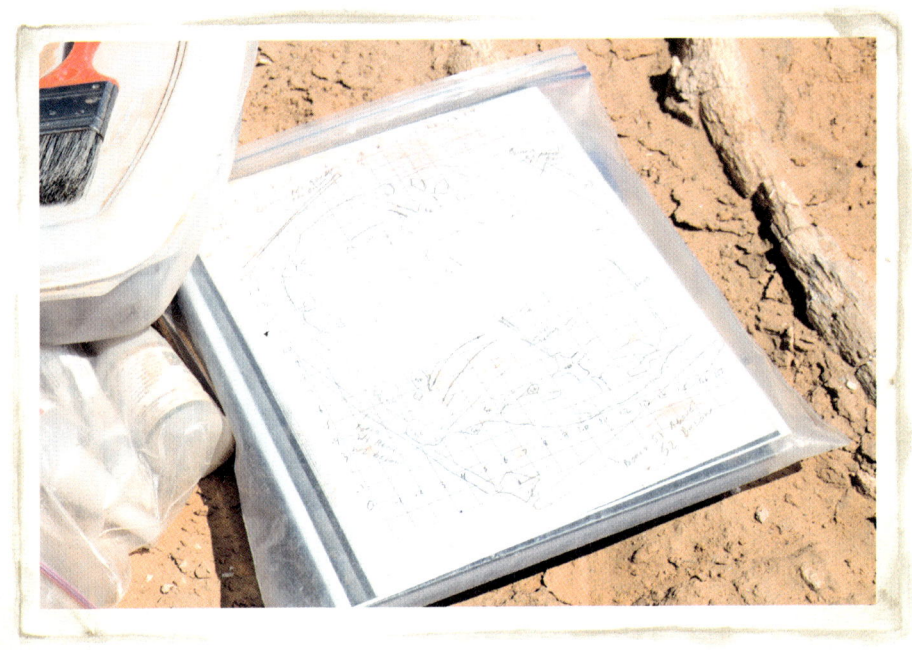

그다음은 발굴 범위를 정해야 해요. 지금 드러난 뼈는 이 정도뿐이지만 그 주변의 지역을 더 발굴해야 합니다. 안킬로사우루스가 화석이 될 때에 뼈들이 주변에 흩어졌을 수도 있기 때문이지요. 육식 공룡이 물어뜯다가 뼈가 떨어져 나갔을 수도 있고, 흐르는 물이 엉뚱한 곳으로 뼈를 옮겨 놓았을 수도 있으니까요.

자, 이제 발굴 범위를 정했으니 본격적으로 뼈를 찾아볼까요?

나는 드러난 뼈들 둘레를 좀 더 찾아보려고 해요. 먼저 부드러운 붓으로 뼈에 묻은 모래와 먼지를 살살 털어 내고, 뼈 위에 약품을 조심스럽게 붓습니다. 이 약품은 뼈에 스며들어 뼈를 단단하게 만들어 주지요.

뼈 화석은 원래 단단하지만 몇천만 년 동안 땅에 묻혀 있다 보니 꽤 약해졌어요. 그래서 잘못 건드리면 부서지기 일쑤랍니다. 지구가 숨겨 온 소중한 보물이 부서지면 큰일이지요. 그래서 이렇게 약품 처리를 한답니다.

약품 처리가 끝났으니 이제 좀 더 적극적으로 새로운 뼈를 찾아볼까요? 땅에다 작은 정을 대고 망치로 살살 두드립니다. 그럼 단단한 흙덩어리가 조금씩 떨어져 나오지요.

그런 다음 붓으로 흙을 털어 내고 뼈가 보이는지 살펴봅니다. 너무 조심스러운 것이 아니냐고요? 물론 이렇게 하면 더디기는 해요. 하지만 한 번에 땅을 많이 파겠다고 욕심을 부리다가 잘못해서 뼈를 부서뜨리는 것보다는 낫지요. 뼈 화석은 다이아몬드보다 훨씬 소중하고 찾기 어려운 것이니 정말 보물을 다루듯이 해야 한답니다.

파낸 흙과 돌 부스러기들은 체로 다시 한 번 걸러요. 이렇게 하면 작은 화석도 놓치지 않고 찾아낼 수 있어요.

꼬리 곤봉

이런, 해가 지고 있네요. 오늘 작업은 여기서 끝내야겠어요.

"야, 수다쟁이! 너 그렇게 맘대로 돌아다니면 안 돼. 그러다가 뼈를 부서뜨리기라도 하면 어쩌려고 그러니? 말 안 들으면 타르보사우루스를 다시 부를 거다."

"걱정하지 마세요. 저도 그런 것쯤은 잘 알고 있다고요. 조심조심 잘 살피면서 걷는 거 안 보이세요, 지저분 박사님?"

"내 이름은 **안킬로사우루스**. 머리부터 꼬리까지의 길이는 5미터, 작은 버스 정도의 크기라고 생각하면 돼. 등은 갑옷처럼 단단한 피부로 덮여 있어. 그래서 나를 갑옷 공룡이라고 하는 거야. 잘난 체하는 육식 공룡들의 이빨도 내 갑옷을 뚫을 수는 없지. 육식 공룡들이 잡아먹으려고 왔다가 바닥에 납작 엎드린 나를 보고는 어찌할 바를 몰라 우왕좌왕하는 걸 보면 꽤 재미있어. 내가 그렇게 엎드리면 물 곳이 없거든. 게다가 나한테는 엄청난 무기가 있어. 바로 내 꼬리 끝에 달린 곤봉이지. 돌처럼 단단한 데다가 무게가 30킬로그램이나 되어서 내 곤봉에 맞으면 누구든 다리가 부러지지. 온순한 초식 공룡이라고 나를 얕잡아 봤다가는 큰코다칠걸."

안킬로사우루스는 공룡 시대의 '소'라고 할 수 있어요. 커다란 몸 안에 소처럼 위가 여러 개 있었을 거예요. 나뭇잎을 잔뜩 삼키면 위 속에 사는 미생물들이 나뭇잎을 발효시켰을 테고, 안킬로사우루스는 소처럼 되새김질을 해서 식물에 포함된 영양분을 흡수했을 거예요. 공룡 학자들은 안킬로사우루스가 이런 방식으로 질긴 식물도 잘 소화했기 때문에 큰 덩치를 유지했을 거라고 생각합니다.

　　안킬로사우루스 화석을 발견한 뒤로 벌써 닷새가 지났어요. 그동안 탐사 대원 모두가 하루 종일 발굴에만 매달렸답니다. 그런데도 피곤해하기는커녕 모두들 즐거운 표정이에요.

　　거기엔 다 그럴 만한 이유가 있지요. 그사이 안킬로사우루스의 머리뼈를 발견했거든요. 게다가 그 녀석이 그렇게도 자랑스러워했던 곤봉도 고스란히 찾았답니다. 이 정도면 거의 완벽한 표본이라고 할 수 있어요.

　　그런데 우리가 어디서 머리뼈를 찾았는지 아세요? 신기하게도 안킬로사우루스의 머리뼈는 녀석의 골반 한가운데 놓여 있었어요. 어떻게 해서 머리뼈가 골반 한가운데로 이동했는지 정확하게 알 수는 없지만 몇 가지 사실을 추측해 볼 수는 있어요.

안킬로사우루스가 죽자마자 흙에 파묻힌 것은 아닐 거예요. 그랬다면 머리뼈가 이동할 수 없었을 테니까요. 아마도 살이 다 썩어 없어지고 머리뼈가 목뼈에서 떨어져 나온 뒤에 흙에 묻혔을 거예요. 그렇다면 무엇이 머리뼈를 옮겼을까요? 흐르는 물이 그렇게 했을 가능성이 가장 높아요.

아, 저쪽에서 다른 탐사 대원이 나를 부르네요. 손에 무언가 들고 있는 걸 보니 새로운 걸 발견한 모양이에요. 어서 서둘러 가 보아야겠어요.

탐사 대원이 발견한 것은 육식 공룡의 부러진 이빨이에요. 어디, 누구의 이빨인지 한번 자세히 볼까요? 아, 타르보사우루스의 이빨이군요! 그렇다면 안킬로사우루스를 죽인 범인이 혹시 타르보사우루스일지도 모르겠네요. 녀석이 안킬로사우루스의 갑옷을 물다가 이빨이 부러졌을지도…….

"으르렁!"

"어이쿠, 깜짝이야! 타르보사우루스 이 녀석, 꼭 그렇게 사람을 놀라게 해야 하니? 그냥 조용히 나타나면 큰일이라도 난다더냐!"

"오래된 버릇이라서 그래요. 으르렁!"

"버릇이라니 어쩔 수 없구나. 그런데 무슨 일로 온 거냐? 분명 내가 부르면 오라고 했을 텐데."

"박사님이 들고 있는 이빨 있잖아요, 바로 내 거예요."

"이게 타르보사우루스의 이빨이기는 하지. 그런데 네 이빨인 줄은 몰랐구나. 그래, 어쩌다가 이빨이 부러진 거니?"

🦖 "얘기가 좀 길어요."

📦 "어째서 너는 하는 이야기마다 기니? 지루한 이야기는 듣기 싫으니까 좀 짧게 해 줄래?"

🧒 "수다쟁이, 아무 때나 끼어들지 말고 좀 조용히 해라. 난 타르보사우루스가 어떤 이야기를 들려줄지 몹시 궁금하니까."

🦖 "박사님이 제 머리뼈를 보고 말씀하셨듯이 저는 다 자란 어른이 아니라 청소년이었어요. 어른들한테서 배운 기술로 혼자서 오리주둥이 공룡을 잡아먹은 적도 있어서 사냥이라면 자신 있었죠. 숲 속을 돌아다니면서 초식 공룡들을 놀라게 하는 것도 재미있었고요."

📦 "이 나쁜 녀석, 왜 가만히 있는 초식 공룡들을 괴롭혔어?"

    수다쟁이가 화가 난 모양이네요. 하지만 육식 공룡들이 초식 공룡을 잡아먹는 것을 뭐라고 할 수는 없어요. 초식 공룡들에게는 안된 일이지만 육식 공룡들은 그렇게 해야만 살아갈 수 있으니까요.

    그리고 육식 공룡들이 초식 공룡을 잡아먹는 건 결국 초식 공룡들에게도 좋은 일이에요. 육식 공룡들이 초식 공룡의 수를 조절해 주지 않으면 초식 공룡의 수가 엄청 많아지거든요. 그렇게 늘어난 초식 공룡들이 나뭇잎을 마구 뜯어 먹으면 숲은 황폐해지고 말아요. 그럼 결국 초식 공룡들도 살아가기가 어려워지지요.

    우리, 타르보사우루스의 이야기를 좀 더 들어 볼까요?

🦖 "내가 만난 초식 공룡들은 죄다 겁쟁이라서 한 번 으르렁거리기만 해도 멀찌감치 도망갔어요. 그래서 난 점점 우쭐해졌지요. 그러던 어느 날, 박사님이 발굴한 안킬로사우루스를 만나게 되었어요. 그때 전 배가 몹시 고픈 상태였지요. 그래서 덩치가 크긴 했지만 초식 공룡이니까 괜찮을 거라고 생각하고 얼른 달려들었어요. 그런데 글쎄 이 녀석이 쇠뭉치 같은 꼬리 곤봉을 휘두르면서 저항하지 뭐예요? 하지만 그렇다고 물러날 내가 아니지요. 나는 곤봉을 살짝 피한 다음, 잽싸게 달려들어 안킬로사우루스의 등을 꽉 물었어요. 그런데 이 녀석의 등이 어찌나 딱딱하던지 이빨이 갑옷을 뚫지 못하고 그만 부러지고 말았어요. 박사님이 들고 있는 바로 그 이빨 말이에요. 어휴, 어찌나 아프던지."

이빨이 부러졌을 때 타르보사우루스는 얼마나 놀랐을까요? 하지만 육식 공룡에게 이빨 하나 부러지는 것쯤은 괜찮아요. 사람은 영구치가 빠지면 다시는 새 이가 나지 않지만, 육식 공룡은 달라요. 몇 번이고 새 이빨이 나지요. 마치 악어나 상어처럼 말이에요. 육식 공룡의 이빨 화석이 자주 발견되는 것은 바로 이런 이유 때문이랍니다. 그나저나 타르보사우루스가 부러진 이빨만 남겨 두고 그 자리를 떠났다면 별일이 없었을 텐데요.

"박사님 말대로 했더라면 좋았을 텐데, 난 안킬로사우루스가 얼마나 무서운 녀석인지 몰랐어요. 그저 부러진 이빨을 보니 몹시 화가 치밀어 오를 뿐이었지요. 그래서 또다시 달려들어 가장 약해 보이는 목을 냅다 물어 버

렸어요. 그러자 이빨 사이로 녀석의 피가 배어 나왔어요. 그렇게 막 맛있는 피 맛을 보려는 순간, 안킬로사우루스가 꼬리 곤봉으로 내 다리를 쳤어요. 태어나 그렇게 아픈 건 처음이었어요. 살점을 뜯어 먹고 싶다는 생각은 싹 사라지고 어서 그 자리를 떠나고 싶은 생각만 들었어요. 그래서 걸음을 떼려고 노력했지만 쉽지가 않았어요. 다리가 부러졌기 때문이었어요. 겨우겨우 몇 걸음 떼었지만 결국엔 박사님이 내 턱뼈를 발굴한 곳에서 쓰러지고 말았어요."

그런 일이 있었군요. 여러분 가운데에는 다리 하나 부러진 게 무슨 큰일이냐고 생각하는 친구들도 있을 거예요. 그렇지만 동물들에게는 다리가 부러지는 정도의 부상은 곧 죽음을 의미한답니다. 사냥을 할 수 없으니 굶어 죽을 수밖에요.

　타르보사우루스가 들려준 이야기가 꽤 그럴듯하지요? 하지만 과학자인 나로서는 그 말을 그대로 믿을 수 없어요. 증거가 있어야 하지요. 타르보사우루스의 말처럼 타르보사우루스가 안킬로사우루스의 목을 물었다면, 안킬로사우루스의 목뼈에 분명 그 흔적이 남아 있을 거예요.
　하지만 발굴 현장에서 그걸 확인하기는 어려워요. 연구실에서 화석을 샅샅이 조사해 보아야 알 수 있지요. 그렇게 하려면 화석을 연구실로 가져가야 해요.

안킬로사우루스 화석 발굴을 시작한 뒤로 9일이 지났어요. 찾아낼 수 있는 화석은 거의 다 찾은 것 같아요. 이제 화석을 연구실로 옮기는 일만 남았네요.

　화석을 옮기려면 특별한 준비가 필요합니다. 보물을 옮기는 일이니 철저하게 준비해야 하지요. 석고를 푼 물에 붕대를 흠뻑 적셔 그 붕대로 화석을 감쌉니다. 한 겹이 아니라 여러 겹 감싸야 하지요.

시간이 지나면 화석을 감싼 석고가 굳으면서 단단해지는데, 이렇게 만든 것을 '석고 재킷'이라고 합니다.

석고 재킷은 이동하는 동안 화석이 여기저기 부딪쳐 망가지는 것을 막아 줘요. 병원에서 부러진 뼈를 보호하기 위해 깁스를 하는 것과 같은 원리지요.

석고 재킷에 싸여 있으니 내가 누군지 공룡 박사님도 모르겠지?

이제 서로 뒤섞이지 않도록 석고 재킷마다 화석의 종류와 발견한 장소, 날짜 등을 적으면 이동 준비 끝!

공룡 X의 얼굴을 찾아라!

"박사님, 뭐가 좋아서 그렇게 싱글벙글 웃으세요?"

"흐흐, 내가 좋아하는 안킬로사우루스의 화석을 찾아서 그렇지. 이번 화석처럼 완벽한 모습의 안킬로사우루스를 본 건 처음이야."

"아주 신이 나셨네요. 그렇다고 제 부탁을 잊으신 건 아니죠? 고비 사막에 온 목적이 제 얼굴을 찾는 거라고 하시고는 왜 엉뚱한 화석만 찾고 계세요? 어서 제 얼굴도 찾아 주세요!"

"참, 그렇지. 네 얼굴을 찾는 게 내 목표였지. 깜박 잊고 있었네."

"박사님, 정말 너무해요. 어떻게 그걸 잊으실 수가 있어요?"

"허허, 이 녀석, 그렇다고 화를 낼 거까지야. 농담이다. 내가 그걸 잊을 리가 있니? 그런데 말이다, 한 공룡이 자기 모습을 제대로 찾는 건 쉬운 일이 아니야. 어떤 공룡은 오랫동안 괜한 누명을 쓰기도 했지. 지금부터 이야기할 **오비랍토르**가 바로 그런 억울한 일을 당한 공룡이란다."

 작은 화석이 보이세요? 이건 크기가 2센티미터도 안 되는 머리뼈 화석이에요. 머리뼈의 주인공은 도마뱀이지요. 이 도마뱀 머리뼈 화석도 공룡 화석이 묻혀 있었던 것과 같은 지층에서 나온 것이랍니다. 같은 시대의 지층에서 발견되었다는 건, 이 작은 녀석과 거대한 공룡들이 함께 살았다는 것을 의미해요.
 먼 옛날, 이 작은 녀석은 타르보사우루스의 발가락 사이를 요리조리 돌아다녔을지도 모르지요. 하지만 타르보사우루스는 이 녀석을 거들떠보지도 않았을 거예요. 먹잇감으로 삼기에는 너무 작으니까요. 기껏 잡아서 삼켜 봐야 우리가 밥알 한 톨 먹는 것보다도 못하지 않았을까요?
 그렇지만 **오비랍토르**는 도마뱀에 관심이 많을 거예요. 오비랍토르가 어떤 공룡이기에 도마뱀에 관심을 가졌느냐고요? 그건 오비랍토르에게 직접 들어 볼까요?

"안녕, 난 **오비랍토르**야. 내 몸길이는 1.8미터, 몸무게는 30킬로그램 정도로 비교적 작은 공룡이지. 난 몽골의 고비 사막에서 처음 발견되었어. 내 몸의 생김새는 너희들이 알고 있는 새와 많이 비슷한데, 예를 들면, 다른 공룡들과 달리 난 이빨이 없어. 그 대신 아주 튼튼한 부리가 있지. 참, 오비랍토르라는 내 이름의 뜻은 '알 도둑'이야. 이름만 듣고 내가 남의 알이나 훔쳐 먹는 못된 녀석이라고 생각하겠지만, 사실 난 억울하다고. 그 까닭은 아마 박사님이 잘 알고 계실 거야."

"뭐가 억울하다는 거죠? 부리가 딱 알 깨 먹기 좋게 생겼는데요, 뭘."

"그렇게 보이니? 하지만 오비랍토르가 억울해하는 덴 다 이유가 있단다."

오비랍토르 화석은 1923년 몽골 고비 사막에서 처음 발견되었어요. 이 화석은 불완전한 머리뼈뿐이었는데 알 무더기 위에 놓여 있었어요. 헨리 오스본이라는 사람은 오랜 시간 이 화석을 연구했는데, 그는 함께 발견된 알 무더기가 프로토케라톱스의 것이라고 생각했어요. 그래서 오비랍토르가 프로토케라톱스의 알을 훔쳐 먹으려다가 화석이 되었다고 결론을 내렸고, '알 도둑'이라는 뜻의 이름도 붙였어요.

그렇지만 오스본은 이 이름 때문에 사람들이 오비랍토르의 먹이 습성에 대해 잘못된 선입견을 갖게 될까 봐 걱정을 했어요. '알 도둑'이란 이름을 들으면 이 공룡이 마치 알만 훔쳐 먹고 사는 것처럼 생각되니까요. 하지만 그건 불가능한 일이에요.

사람들이 기르는 닭은 한 해 내내 거의 날마다 알을 낳지만, 야생 동물들은 그렇지 않아요. 보통 새끼들이 알을 깨고 나왔을 때 먹을 것이 많은 계절을 택해서 한 해에 한 번만 알을 낳지요.

예를 들어, 개구리와 새들은 봄에 알을 낳아요. 알을 깨고 나온 새끼들은 봄과 여름을 지내면서 배불리 먹이를 먹고 무럭무럭 자라지요. 그러니 먹을 것이 없는 겨울에 알을 낳는 건 야생 동물들에겐 어리석은 짓이에요.

아마 공룡들도 이렇게 새끼들이 자라기에 좋은 계절을 택해서 알을 낳았을 거예요. 이런 이유로 한 해에 두세 달을 빼고는 공룡알 구경하기가 하늘에 뜬 별을 따는 것만큼이나 힘들었을 거예요. 오비랍토르가 오직 공룡 알만 먹고 살았다면 어떻게 됐을까요? 아마 십중팔구 굶어 죽고 말았을 거예요.

오비랍토르가 누명을 쓰게 된 것은 화석 때문이었는데, 그 누명을 벗게 된 것도 화석 덕분이었어요.

첫 화석이 발견되고 나서 수십 년 동안 오비랍토르의 또 다른 화석이 여러 개 발견되었어요. 그 가운데에는 알을 품는 자세로 화석이 된 것도 있었지요. 여러 개의 오비랍토르 화석을 연구하면서 학자들은 점차 오비랍토르가 알을 훔쳐 먹는 도둑이 아니라 알을 품어 주

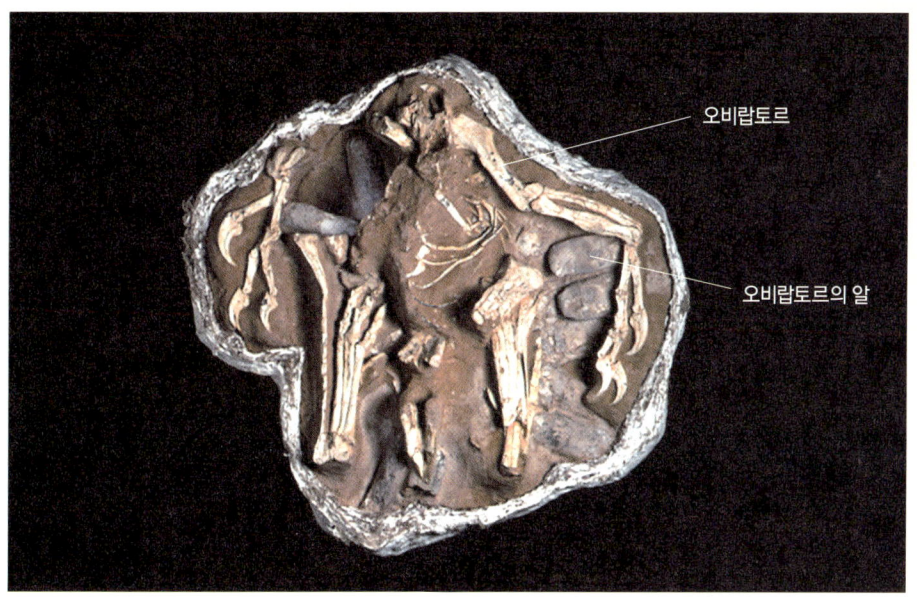

오비랍토르
오비랍토르의 알

는 따뜻한 어미였다는 걸 알게 되었어요.

그러던 가운데 결정적인 화석이 발견되었어요. 바로 오비랍토르가 품고 있는 알에 어미를 쏙 빼닮은 새끼가 들어 있는 화석이었어요. 비로소 오비랍토르는 명예롭지 못한 누명을 확실하게 벗게 되었지요. 그렇지만 사람들은 그 이름까지 바꾸어 주지는 않았어요. 알 도둑이 아닌 걸 알면서도 여전히 알 도둑이라고 부르고 있는 거예요.

하지만 오비랍토르만 이런 일을 당한 건 아니에요. 어떤 공룡은 네 발로 걷는 모습이었다가 두 발로 걷게 되었고, 어떤 공룡은 꼬리를 질질 끌고 다니던 모습에서 긴 꼬리를 멋지게 흔들며 다니는 모습으로 변하기도 했어요. 또 어떤 녀석은 코에 뿔이 달린 모습이었다가 그 뿔

이 사실은 앞발에 달린 발톱이었다는 게 밝혀져 멋진 뿔을 포기해야 했지요.

공룡들이 엉뚱한 모습으로 알려졌다가 제대로 자기 몸을 찾게 된 건 자꾸만 새로운 화석이 발견되고, 나 같은 공룡 학자들이 그 화석을 열심히 연구한 덕분이랍니다. 공룡 X가 자기 얼굴을 알고 싶어 안달이지만 지금으로서는 새로운 화석이 나오기를 기다리는 수밖에 없어요.

이 녀석의 얼굴을 찾는 일도 중요하지만 지금은 잠시 미뤄 두고 캐나다 팀을 따라가 볼까 해요. 캐나다 팀도 얼굴 없는 공룡의 정체를 밝히려고 애쓰고 있거든요. 캐나다 팀이 찾고 있는 얼굴 없는 공룡의 이름은 **데이노케이루스**예요. '무시무시한 손'이라는 뜻이죠. 40년 전쯤에 폴란드 탐사대가 고비 사막에서 찾아낸 공룡이에요. 이름은 멋지지만, 지금까지 발견된 화석은 단 하나밖에 없어요. 머리뼈도 다리뼈도 아닌 팔뼈와 손톱이 전부이지요.

그런데 그 팔과 손톱이 정말 대단해요. 팔 길이는 무려 2.4미터로, 지금까지 발견된 공룡들 가운데서는 가장 길어요. 손톱도 그 길이가 24센티미터나 되고 아주 날카롭지요.

이 공룡이 자기 이름처럼 날카로운 손톱과 긴 팔로 다른 공룡들을 주눅 들게 만들었던 무시무시한 녀석이었을까요? 아니면 그 긴 손톱

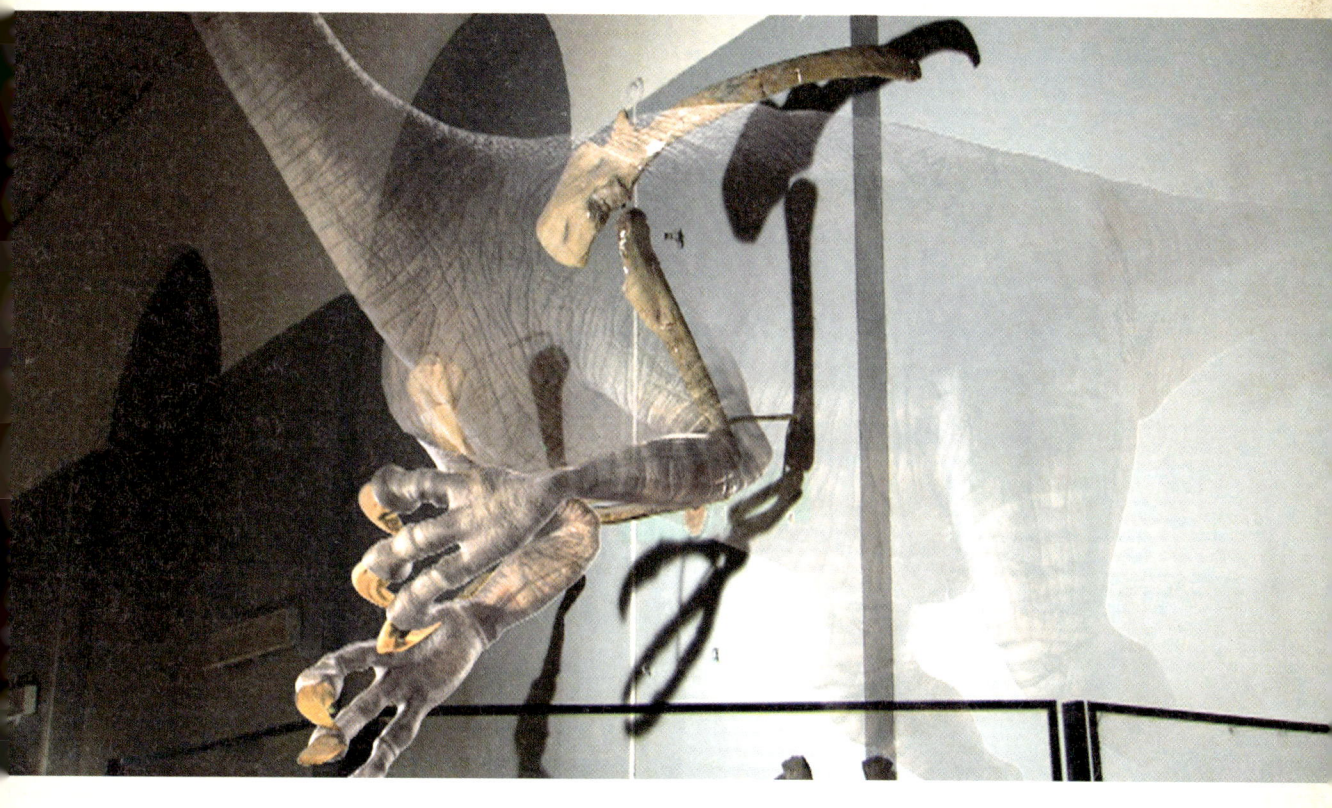

을 이용해 나무 구멍 속에 숨은 벌레를 잡아먹었던 소심한 녀석이었을까요? 아직은 알 수 없어요. 그래서 캐나다 팀이 데이노케이루스의 화석을 찾아 나선 것이지요.

넓디넓은 고비 사막에서 이 공룡의 화석을 찾는다는 건 정말 막막한 일이에요. 하지만 캐나다 팀에게는 아주 좋은 실마리가 있답니다. 예전에 폴란드 탐사대가 데이노케이루스 화석을 발견한 곳을 지도에 남겨 두었는데 바로 그 지도를 캐나다 팀이 갖고 있거든요.

지금 캐나다 팀과 나는 그 지도를 따라서 데이노케이루스가 처음 발견된 곳으로 가고 있어요. 운이 좋다면 그곳에서 폴란드 탐사대가 미처 발굴하지 못한 데이노케이루스의 다른 화석을 찾을 수 있을지도 몰라요. 이거 마치 보물 지도를 들고 온갖 귀중한 것들이 들어 있는 보물 상자를 찾아가는 기분이 드는걸요.

아, 드디어 도착했어요. 주변에 보이는 언덕의 모습을 지도와 비교해 보니 이곳이 맞아요.

자, 이제 본격적으로 탐사를 시작해 볼까요? 어, 그런데 벌써 무언가 찾은 모양이에요. 캐나다 탐사 대원이 흥분한 표정으로 뭔가를 들고 오네요. 뼈 화석은 아닌 것 같은데 대체 뭘까요? 가까이 가 봐야겠어요.

아니, 이건 통조림 깡통이잖아요. 깡통 밑바닥에 'PL'이라고 쓰여 있네요. 그런데 왜들 이렇게 좋아하는 거죠? 캐나다 탐사대의 대장인 커리 박사한테 한번 물어봐야겠어요.

"커리 박사님, 왜 깡통을 보고 다들 좋아하는 거죠?"

"혹시 깡통 밑바닥에 쓰여 있는 글자를 봤나요?"

"네, PL이라고 쓰여 있던데요?"

"그것은 이 깡통이 폴란드에서 만든 것이라는 걸 뜻해요. PL은 폴란드의 약자거든요. 이 깡통은 폴란드 탐사대가 이곳에 왔다 갔다는 걸 알려 주는 중요한 단서랍니다. 우리가 제대로 찾아왔다는 것을 말해 주는 것이기도 하고요. 그래서 이렇게 좋아하는 거랍니다."

음, 그러니까 이 깡통은 폴란드 탐사대가 남긴 화석인 셈이군요. 폴란드 탐사 대원들은 지금 이 자리에 없지만, 이 깡통을 통해서 우리에게 이런 말을 하고 있어요.

"잘 찾아왔어요. 우리가 못 찾은 나머지 화석을 찾아 주세요."

탐사 대원들이 모두 흩어져 구석구석 살펴보았지만, 우리가 발견한 것은 복늑골(배를 감싸는 갈비뼈) 화석 몇 개뿐이에요.

다른 때 같으면 이런 복늑골 화석은 무시했을 거예요. 갈비뼈 화석은 공룡들마다 그 모양이 비슷해서 별로 중요하게 생각하지 않기도 하거든요. 하지만 이번에는 좀 달라요. 데이노케이루스의 화석은 발견하기가 무척이나 어려운 희귀한 화석이기 때문이에요. 아마 이 화석이 데이노케이루스의 다른 화석을 찾는 데 징검다리를 놓아 줄지도 모르겠어요. 귀중한 보물을 찾은 커리 박사의 소감을 들어 볼까요?

"아주 기뻐요. 데이노케이루스라는 퍼즐을 완성하는 데 한 걸음 더 다가간 셈이에요. 어려운 퍼즐을 맞춰 본 사람이라면 내 말을 이해할 거예요. 퍼즐을 맞출 때 처음 몇 조각의 자리를 찾는 건 어렵지요. 하지만 한 조각 한 조각 맞춰 가다 보면 나머지 조각들의 자리를 찾기가 점점 쉬워져요. 이제 한 자리를 더 채워 넣었으니까 데이노케이루스 퍼즐을 완성하는 건 시간문제일 뿐이에요."

나도 마음이 바빠졌어요. 수다쟁이 녀석이 제 얼굴 찾아내라고 징징거리는 모습을 보는 것도 미안하고, 나도 어서 저 녀석의 얼굴을 보고 싶거든요. 어디에서 공룡 X의 나머지 퍼즐 조각들을 찾을 수 있을까요?

지금은 제이콥스 박사가 바가케라톱스 화석을 발굴한다는 소식을 듣고 서둘러 가는 길입니다. 바가케라톱스는 프로토케라톱스와 비슷한 뿔 공룡이에요. 수다쟁이가 잠시 한눈을 파는 사이 몰래 빠져나왔어요. 녀석이 날 찾아내기 전에 얼른 가 보아야겠어요.

　이곳은 **바가케라톱스** 화석 발굴 현장입니다. 바가케라톱스 화석은 힐멘자브에서 자주 발견되는 화석 가운데 하나예요. 하지만 자주 발견된다고 해서 소홀히 다룰 수는 없어요. 아직 바가케라톱스에 대해서 모르는 게 많으니까요.

　어, 그런데 이 화석 어디서 많이 본 것 같은데요? 특히 뒷다리뼈가 낯이 익어요. 아, 알겠어요! 이건 크기만 다를 뿐 공룡 X의 다리뼈와 많이 닮았어요. 그렇다면 우리가 그렇게 알고 싶어 하고, 궁금해했던 공룡 X의 정체가 바로 바가케라톱스인 걸까요?

99

　라이언 박사가 북아메리카 뿔 공룡 전문가니까 한번 물어보려고 해요. 마침 나한테 공룡 X의 사진도 있고 말예요.

"라이언 박사님, 이 화석 사진 좀 봐 주시겠어요? 한국에서 발견한 새로운 공룡인데 몽골의 프로토케라톱스의 꼬리뼈와 모양이 아주 비슷하답니다."

"어디 좀 볼까요? 아! 이 공룡이 뿔 공룡이란 건 분명하네요. 가운데 꼬리뼈를 중심으로 왼쪽과 오른쪽, 그리고 위아래로 나란히 솟아 있는 뼈들이 보이시죠?"

"네, 프로토케라톱스의 꼬리에도 이것과 모양이 같은 긴 뼈들이 있어요. 그걸 신경배돌기라고 하지요."

"맞아요. 긴 신경배돌기는 프로토케라톱스나 렙토케라톱스 같은 뿔 공룡들의 꼬리에서만 볼 수 있어요. 이 공룡의 꼬리뼈도 특징이 같은 걸 보면 뿔 공룡이 틀림없네요."

"그렇다면 이 화석은 어떤 공룡의 것일까요? 북아메리카에서 발견된 렙토케라톱스는 아닌 것 같고, 프로토케라톱스일까요?"

"그건 아닌 것 같아요. 여기 이 다리뼈를 보세요. 프로토케라톱스의 다리보다는 길이가 짧고 발 모양도 달라요. 프로토케라톱스와 비슷한 점이 많지만 프로토케라톱스는 아니에요. 지금까지는 아시아에서 살던 프로토케라톱스가 북아메리카로 건너가서 트리케라톱스로 진화한 것으로 알려져 있어요."

"그렇다면 이 화석의 주인공은 프로토케라톱스의 조상일지도 모르겠네요. 와, 이거 대단한 발견인데요? 감사합니다. 박사님 덕분에 공룡 X의 정체에 한 걸음 더 가까워졌어요."

프로토케라톱스 화석   공룡 X 화석

   우리나라에서 발견한 공룡 X가 프로토케라톱스의 조상일 수 있다니, 가슴이 마구 뜁니다. 물론 정확한 건 더 연구를 해 보아야 알 수 있겠지요. 이제야 수다쟁이한테 체면이 좀 서는걸요?

화석 운반하기

 "박사님, 어딜 다녀오셨어요? 저 몰래 놀러 갔다 오신 거죠?"

 "이 녀석아, 이제 탐사 일정도 다 끝나 가는데 내가 놀러 다닐 짬이 어디 있니? 네 녀석의 정체를 캐느라 눈코 뜰 새 없이 바쁘게 돌아다닌 나한테 그렇게 말하면 섭섭하지."

 "그래서 뭘 좀 알아내셨어요?"

 "물론이지."

 "뭔데요? 어서 말씀해 보세요."

 "어렵게 알아낸 걸 그렇게 쉽게 말해 줄 수는 없지. 네가 한국에 돌아갈 때까지 얌전하게 군다면 그때 알려 주마."

 "체, 그런 법이 어디 있어요? 어서 말씀해 주세요."

 "참는 자에게 복이 있는 법!"

수다쟁이 녀석, 자기 정체가 궁금해 죽을 지경인가 봐요. 사실, 나도 얼른 이야기하고 싶어 입이 근질근질하답니다. 하지만 그동안 나를 못살게 군 벌로 애를 좀 태울 생각이에요. 솔직히 연구를 좀 더 해야 정확한 걸 이야기해 줄 수 있기 때문이기도 하고요.

탐사가 거의 끝났어요. 마지막으로 할 일은 화석을 옮기는 것이랍니다. 그동안 발굴한 화석들은 모두 석고 붕대를 감아 석고 재킷으로 만들어 놓았어요. 한 곳에 모아 놓으니 꽤 많지요?

　석고 재킷 안에는 화석뿐만 아니라 그 둘레를 감싸고 있던 흙이나 암석도 함께 들어 있어요. 공룡들의 덩치가 크다 보니 화석의 무게만 해도 상당한데, 거기에 흙과 암석과 석고 붕대의 무게까지 합쳐지니 석고 재킷의 무게는 어마어마해지지요.

　지금 옮기고 있는 안킬로사우루스 석고 재킷의 무게는 무려 2톤이 넘습니다. 그런데 석고 재킷이 모래 언덕 아래에 있어서 차를 이용해 운반할 수가 없어요. 그렇다고 이렇게 귀한 화석을 그냥 두고 갈 수는 없지요.

석고 재킷에다가 튼튼한 줄을 묶고 모두들 달려들어 끌어 올리고 있어요. 그런데 줄이 팽팽한 게 아무래도 좀 불안하네요.

저런, 줄이 끊어지고 말았군요. 겨우 1미터 끌어 올렸는데 다시 미끄러져 내려가 버렸어요. 이젠 어떻게 해야 하느냐고요? 다른 방법이 없어요. 젖 먹던 힘까지 짜내어 다시 끌어 올리는 수밖에요.

107

이번 탐사 기간 동안 발굴한 화석들은 모두 한국으로 가져갈 거예요. 그렇다고 화석이 우리 것이 되는 것은 아니랍니다. 몽골 땅에서 발견한 것이니 몽골 것이지요. 다만 화석을 연구하고 전시하는 동안 몽골 정부로부터 화석을 빌리는 거예요.

이 화석들이 한국에 도착하기까지 몇 달은 기다려야 할 거예요.

나는 지금 한국으로 돌아가는 비행기 안에 있어요. 좋은 화석을 많이 발굴한 것도 기쁘지만, 탐사 대원 모두가 무사히 돌아가는 것이 무엇보다 기쁩니다.

공룡 탐사에는 항상 위험이 따르는데, 이동할 때 특히 그렇지요. 이번 탐사 기간 동안에도 우리한테 위기가 없었던 건 아니에요. 그때 일만 생각하면 지금도 머리카락이 쭈뼛 선답니다.

캐나다 팀과 함께 데이노케이루스 화석을 발굴하고 돌아오는 길이었어요. 참, 고비 사막 같은 곳에서는 길을 찾을 때 지피에스(GPS, 인공위성을 이용하여 자신의 위치를 정확히 알아내는 시스템)를 이용합니다. 지피에스만 들고 있으면 지구 어느 곳에 가든지 자기 위치를 알 수 있거든요. 이렇게 이야기하니까 지피에스가 대단한 것 같지만 여러분이 직접 보게 된다면 아마 황당할 거예요. 화면에 떠 있는 것이라곤 숫자와 화살표밖에 없거든요.

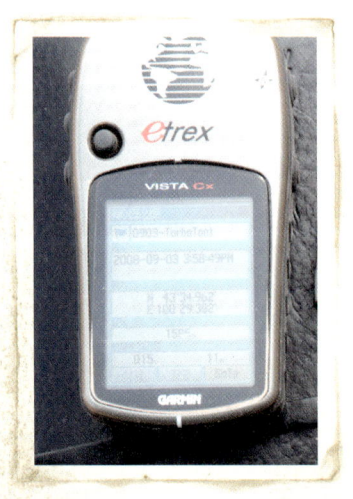

숫자는 현재 있는 곳의 위치를 알 수 있도록 위도와 경도를 알려 주고, 화살표는 우리가 가고자 하는 방향을 알려 줘요. 그날 우리가 가지고 있는 지피에스의 화살표는 아침에 떠난 베이스캠프가 있는 방향을 가리키고 있었어요.

우리는 해가 지기 전에 베이스캠프로 돌아가려는 욕심에 올 때와는 다른 길로 들어섰어요. 지피에스가 가리키는 방향과는 다른 쪽이었지요. 출발 시각은 오후 4시 30분. 모래사막을 만나기 전까지는 길이 좋아서 잘 선택한 것 같다고 생각했어요. 하지만 그건 오산이었어요. 길은 곧 끊어졌고 차들은 모래 구덩이에 빠졌거든요.

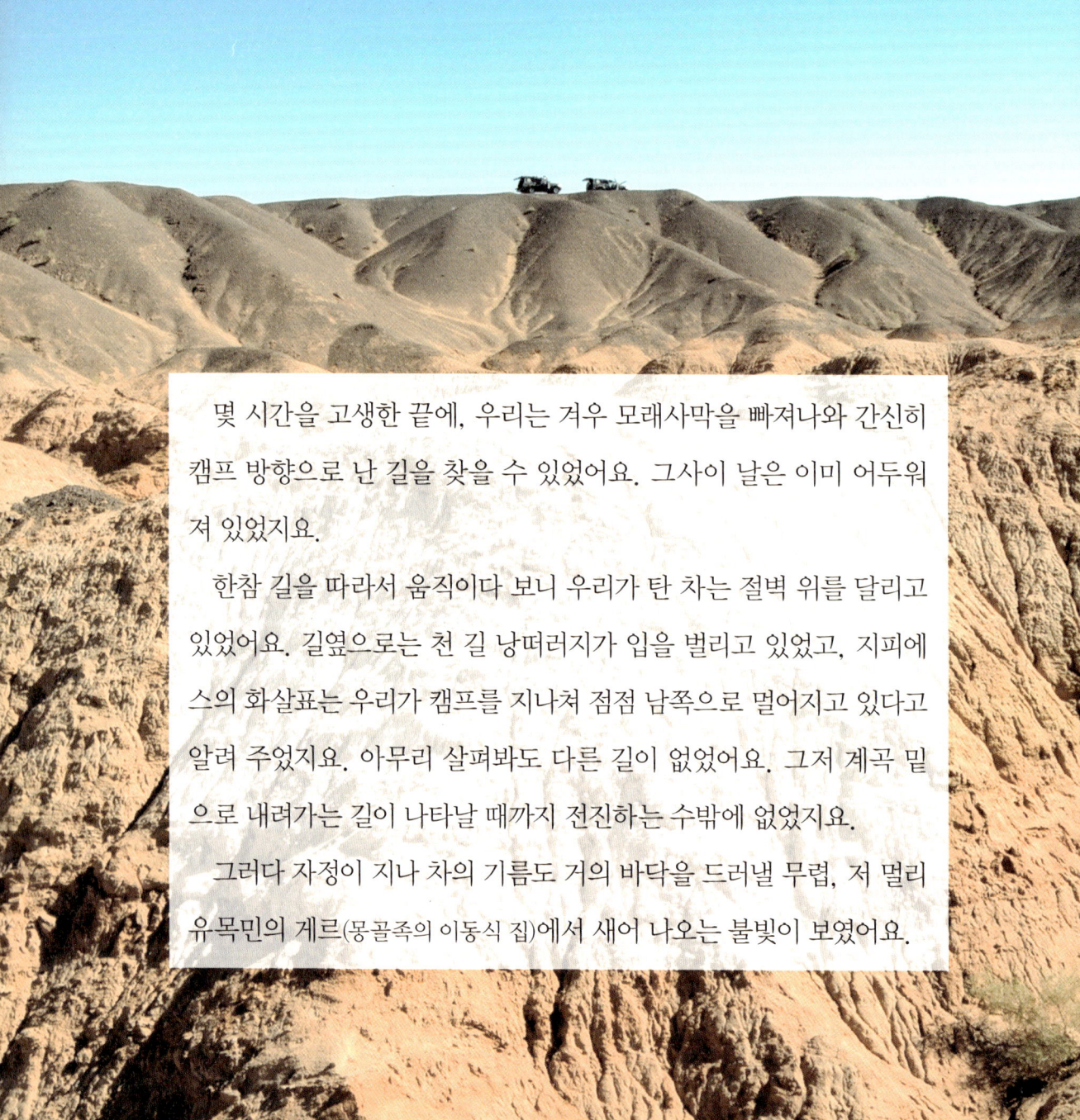

　몇 시간을 고생한 끝에, 우리는 겨우 모래사막을 빠져나와 간신히 캠프 방향으로 난 길을 찾을 수 있었어요. 그사이 날은 이미 어두워져 있었지요.

　한참 길을 따라서 움직이다 보니 우리가 탄 차는 절벽 위를 달리고 있었어요. 길옆으로는 천 길 낭떠러지가 입을 벌리고 있었고, 지피에스의 화살표는 우리가 캠프를 지나쳐 점점 남쪽으로 멀어지고 있다고 알려 주었지요. 아무리 살펴봐도 다른 길이 없었어요. 그저 계곡 밑으로 내려가는 길이 나타날 때까지 전진하는 수밖에 없었지요.

　그러다 자정이 지나 차의 기름도 거의 바닥을 드러낼 무렵, 저 멀리 유목민의 게르(몽골족의 이동식 집)에서 새어 나오는 불빛이 보였어요.

　한 친절한 유목민이 우리의 딱한 사정을 듣고 우리 캠프의 위치를 안다며 오토바이에 시동을 걸었어요. 우리를 안내하는 유목민의 오토바이는 낭떠러지 옆으로 난 산길을 요리조리 잘도 헤치고 나갔지요. 우리는 낭떠러지 옆을 지날 때마다 등골이 오싹했지만 오토바이를 놓칠세라 열심히 차를 몰아 뒤를 따랐어요.

　그렇게 달리기를 몇 시간, 드디어 베이스캠프에 무사히 도착할 수 있었어요. 그때 시각이 새벽 4시 15분. 무려 12시간 가까이 길에서 헤맨 거였어요. 친절한 유목민을 만난 건 정말이지 하늘이 도운 거예요.

한반도 공룡 X가 되살아나다

　여기는 내 연구실이에요. 몽골 고비 사막에서 발굴한 화석이 이제 막 도착했답니다. 이제부터 본격적인 연구를 시작하려고 해요.

　발굴 현장에서는 화석을 망가뜨리지 않고 발굴하는 일에 집중하지요. 그런 다음 연구실에서는 발굴한 화석을 자세히 연구하여 공룡들에 대한 새로운 사실을 하나하나 밝혀내는 일을 합니다. 연구를 하려면 제일 먼저 화석을 둘러싸고 있는 암석을 제거해야 하는데, 그러려면 석고 재킷을 열어야 해요.

　참, 그 전에 준비를 해야 합니다. 무슨 준비냐고요? 지금부터는 여러 가지 기계를 사용할 거예요. 자칫하면 다칠 수 있으니까 몸을 보호하기 위한 여러 가지 준비를 해야 하지요. 게다가 암석을 제거할 때는 먼지가 많이 나기 때문에 그에 대한 대비도 해야 해요.

　작업을 하는 동안에 돌가루가 튈 수도 있으니 보호안경을 쓰고, 먼지가 많이 날 테니 마스크도 씁니다. 또한 다치지 않도록 손에는 튼튼한 장갑을 끼고, 가운도 입지요.

그럼, 석고 재킷을 열어 볼까요? 지금 내 앞에 있는 것은 우리가 발굴한 안킬로사우루스의 화석이에요. 전기톱으로 석고 재킷을 열면, 자, 이렇게 석고 재킷 속에 숨어 있던 화석이 드러납니다.

그다음은 화석을 둘러싸고 있는 암석을 제거할 차례예요. 아주 작은 드릴과 공기파쇄기로 암석을 조금씩 떼어 내지요.

이 드릴은 원래 치과에서 사용하는 것이랍니다. 치과에 가 본 적이 있는 친구들이라면 이 기계가 어떻게 생겼는지 기억날 거예요. 윙윙

소리를 내며 입안에서 돌아가던 그 기계 말이에요. 소중한 이를 다치지 않게 하면서 이에 달라붙어 있는 찌꺼기와 치석을 제거하는 치과용 드릴은 뼈 화석 주변에 달라붙어 있는 암석을 떼어 내기에 안성맞춤이랍니다.

조금씩 조금씩 암석을 제거하다 보면 점차 뼈 화석이 제 모습을 드러내기 시작해요. 드러난 뼈 화석은 약품을 부어서 단단하게 만들고, 떼어 낸 암석 부스러기는 따로 모아 둡니다.

발굴 현장에서 그랬던 것처럼, 이렇게 모은 암석 부스러기는 체로 걸러요. 혹시 숨어 있을지도 모를 작은 화석까지 찾아내려고 말이죠.

화석에 붙어 있는 암석을 제거하는 데에는 보통 몇 달이 걸려요. 큰 화석의 경우에는 몇 년이 걸리기도 하지요. 화석의 원래 모습을 찾아 주려면 최대한 조심스럽게 작업을 해야 하기 때문에 시간이 많이 걸리는 거랍니다. 잘못해서 화석에 상처를 내기라도 하면 나중에 연구할 때 헷갈릴 수도 있거든요.

지난번 타르보사우루스가 자신이 안킬로사우루스의 목을 물었다고 했던 말 기억하나요? 타르보사우루스의 말이 사실인지 아닌지 확인하기 위해서는 안킬로사우루스의 목뼈를 조사해 보아야 한다고 했던 말도 기억하지요? 타르보사우루스가 정말 그렇게 했다면 안킬로사우루스의 목뼈에 이빨로 문 흔적이 남아 있을 거라고 내가 말했잖아요.

그런데 그 흔적이 아주 흐릿하게 남아 있을 수도 있어요. 화석 주변의 암석을 제거하다가 상처를 내면 그것이 화석에 오래전부터 남아 있던 흔적인지 아니면 실수로 생긴 상처인지 구분해야 하는 번거로운 과정을 거쳐야 한답니다. 물론 그 일이 그렇게 어려운 것은 아니지만요.

그나저나 안킬로사우루스의 목뼈를 확인하려면 앞으로도 두세 달은 더 먼지를 뒤집어써야 하겠어요.

"음······. 머리가 더 커야 할 것 같아요. 다리는 좀 더 작게 하고요. 네, 맞아요! 그렇게 하면 되겠어요."

난 지금 컴퓨터 그래픽 전문가와 함께 우리가 발굴한 공룡들을 복원하고 있어요. 화석에서 암석을 제거하는 일은 다 끝났답니다. 무척 인내심이 필요한 일이었어요.

아, 안킬로사우루스의 목뼈는 확인해 보았느냐고요? 물론이죠. 가장 먼저 안킬로사우루스의 목뼈를 들여다보았는걸요.

타르보사우루스가 한 말은 사실이었어요. 목뼈에 이빨 자국이 그대로 남아 있었거든요. 이것으로 타르보사우루스의 말이 사실이라는 것과 타르보사우루스의 턱과 이빨이 안킬로사우루스의 목 부분의 갑옷을 뚫을 만큼 강력했다는 것을 확인할 수 있었어요.

　이렇게 새로 발굴한 화석을 통해서 알게 된 사실을 공룡들의 모습을 만들 때 적용합니다. 그렇게 해서 조금씩 공룡들이 본래의 모습을 찾아갈 수 있게 하지요. 안킬로사우루스의 복원은 끝냈고, 지금은 타르보사우루스의 모습을 만들고 있어요. 턱 근육을 이전보다 강력하게 표현해야 할 것 같아요.

　그런데 말이에요, 뼈만 가지고 공룡들의 모습을 만든다는 게 좀 이상하지 않은가요? 그렇다면 여러분의 얼굴과 개의 얼굴을 한번 비교해 보세요. 꽤 다르게 생겼죠? 이제 여러분의 얼굴을 두 손으로 잘 만져 보세요. 그다음에는 물리지 않도록 조심하면서 개의 머리를 만져 보세요.

어떤가요? 사람의 머리뼈와 개의 머리뼈가 다르다는 게 느껴지나요? 이렇게 뼈가 다르면 그 생김새도 다르답니다. 복잡한 과정을 거치기는 하지만 이런 원리에 바탕을 두고 공룡의 모습을 만들지요. 공룡학자들은 여러 동물의 뼈와 생김새의 관계를 잘 알고 있기 때문에 뼈만 가지고도 공룡들의 모습을 그려 볼 수 있답니다.

그렇지만 공룡 학자들도 잘 모르는 게 있어요. 그것은 바로 공룡의 피부 색깔이에요. 공룡의 피부 화석은 뼈 화석에 비해 아주 드물게 발견되고, 발견된 피부 화석도 너무 오래되어서 원래 색깔을 알 수 없는 경우가 많아요. 그렇다고 해서 공룡의 피부 색깔을 아무렇게나 정하는 건 아니에요. 과학적으로 추측해 볼 수 있지요.

초식 공룡들은 육식 공룡의 눈에 안 띄는 것이 중요했을 거예요. 그렇다면 주변의 식물과 잘 어울리는 색깔을 띠는 게 유리했겠지요? 눈에 잘 띄는 화려한 색깔은 보기에는 좋지만 그만큼 육식 공룡에게 잡아먹힐 확률이 높으니까요.

아마 육식 공룡들도 마찬가지였을 거예요. 초식 공룡들에게 들키지 않고 최대한 가까이 접근해야 사냥에 성공할 수 있으니까요. 거대한 초식 공룡들은 자기 몸을 감추고 싶어도 그럴 방법이 별로 없었을 테니, 몸의 색깔에는 크게 신경을 쓰지 않았을지도 모르겠어요.

이처럼 과학적으로 추측해 볼 수는 있어도, 공룡의 정확한 피부 색깔은 아무도 몰라요. 같은 공룡인데도 책마다 피부 색깔이 제각각인 것은 바로 이런 이유 때문이랍니다.

이번 탐사 활동을 통해 알게 된 새로운 사실들을 추가하여 백악기 시절 몽골에 살았던 공룡들의 모습을 복원했어요. 공룡의 제왕 **타르보사우루스**, 타르보사우루스도 함부로 건드리지 못했던 **안킬로사우루스**, 대표적인 초식 공룡 중 하나인 **바가케라톱스**, 영리한 사냥꾼 **벨로키랍토르**까지! 참, 알 도둑이란 누명을 썼던 **오비랍토르**도 있어요.

이제 이 공룡들이 살았던 환경을 만들어 볼까요? 이 공룡들이 살았던 시절에는 소철을 닮은 나무들이 크게 자라나 숲을 이루고, 고사리와 비슷한 양치식물들이 숲의 낮은 곳을 차지했을 거예요. 이제 막 나타난, 꽃을 피우는 식물 몇 종류도 있었을 거고요.

이 식물들 역시 내 맘대로 상상한 것이 아니에요. 동물들이 화석을 남긴 것처럼 식물들도 제 모습을 알려 주는 화석을 남겼어요. 그 화석을 바탕으로 추측한 것이지요. 그 당시 초식 공룡들은 이런 식물들을 먹기도 하고 그 사이에 몸을 숨기기도 했을 거예요.

자, 이제 **컴퓨터 그래픽**으로 만든 공룡들을 백악기 시대의 환경 속에 풀어 놓아 볼까요?

오비랍토르 어미가 둥지에서 알을 품고 있어요. 수컷이 도마뱀을 잡아 둥지 쪽으로 달려가네요. 알을 품는 암컷에게 주려는 거겠죠?

다른 곳에서는 프로토케라톱스와 비슷하게 생긴 바가케라톱스가 떼를 지어 다니면서 고사리 잎을 뜯고 있어요. 새끼들도 있고, 아직 부화하지 않은 알의 모습도 보이네요.

저런, 나무 뒤에서 타르보사우루스가 두 눈을 번뜩이면서 바가케라톱스를 노리고 있어요. 아무래도 새끼가 위험하겠는걸요.

저 멀리 목 긴 공룡도 보이네요. 목 긴 공룡은 무엇을 하고 있을까요?

참 멋지죠? 7천만 년 전, 한반도와 몽골의 고비 사막은 바로 이런 모습이었을 거예요. 우리가 복원한 것보다 훨씬 다양한 공룡들이 있었겠지요? 우리가 새로운 화석을 찾아낼 때마다 이 환경 속에서 돌아다니는 공룡들은 하나씩 늘어날 거예요.

"어서 와라, 공룡 X. 고사리 잎을 뜯는 바가케라톱스 좀 보렴. 정말 귀엽지 않니?"

"뭐, 귀엽기는 하네요. 나하고는 상관없는 일이지만요."

"아니, 너 왜 그렇게 화가 난 거냐?"

"제 얼굴을 찾아 준다고 하시고는 자꾸 엉뚱한 일만 하시잖아요. 몽골에서도 그렇고, 연구실에서도 그렇고. 계속 전 뒷전이잖아요."

"내가 그랬나? 이제 그만 화 풀어. 원래 주인공은 맨 마지막에 등장하는 거야. 지금 막 네 모습을 만들려던 참이었는걸."

"헤헤, 정말요? 그럼 어서 제 얼굴을 보여 주세요."

"그럼 우리 함께 만들어 볼까? 너는 어떤 종류의 공룡일까?"

"초식 공룡들을 벌벌 떨게 했던 육식 공룡이 아닐까요?"

"그랬으면 좋겠니? 하지만 너는 초식 공룡인 뿔 공룡이야. 프로토케라톱스와 비슷한 종류지. 그런데 프로토케라톱스와는 다른 점이 있었어. 그게 뭘까?"

"제 덩치가 더 작고, 다리도 짧아요."

"옳지, 잘 알고 있구나! 화석이 있어 네 몸통과 다리는 꽤 정확하게 그릴 수 있을 것 같은데, 문제는 네 얼굴이구나. 화석이 없으니 과학적으로 추측해 볼 수밖에 없겠어. 네가 한번 해 볼래?"

"음……. 프릴은 프로토케라톱스보다 더 크게 해 주세요. 뿔 공룡이니 뿔이 멋있어야겠죠? 뿔은 한 다섯 개쯤 만들어 주세요!"

"뿔을 다섯 개씩이나? 그건 아닌 것 같은데?"

과학적으로 추측을 해 보라고 했더니만 제멋대로 상상을 하는군요. 물론 원하는 대로 해 주고 싶은 마음도 있지만 그럴 수는 없어요. 확실한 근거도 없이 사실이라고 주장하는 건 과학에서 옳은 일이 아니니까요.

아마 공룡 X의 실제 모습은 녀석이 상상하는 것과는 반대였을 거예요. 프릴은 진화하면서 점점 커지니까 프로토케라톱스보다 오래된 공룡 X의 프릴은 더 작았을 거고, 뿔 공룡이라고는 하지만 뿔은 거의 없었을 거예요. 코 위에 작은 돌기 같은 것 정도가 있었겠죠. 내가 이렇게 생각하는 데는 다 과학적인 근거가 있답니다.

동물들에게는 몸의 균형이 무척 중요해요. 예를 들어, 몸에 비해서 머리가 너무 크면 아무래도 행동이 굼뜨지요. 그럼, 육식 동물의 먹이가 되기 쉬워서 살아남기가 어려워요. 그렇기 때문에 머리 크기가 적당해야 합니다. 공룡 X의 몸이 프로토케라톱스보다 작으니까,

거기에 비례해서 머리도 작게 만드는 것이 과학적이지요.

자, 이렇게 해서 공룡 X의 모습이 완성되었어요. 마치 작은 프로토케라톱스 같군요. 훗날 머리뼈 화석이 발견되면 지금과 다른 모습으로 바뀌게 될 수도 있어요.

 "어떠냐? 네 모습이 마음에 드니?"

 "내 생각하고는 좀 다르지만, 꽤 괜찮네요."

내가 보기에는 아주 멋진데, 녀석의 마음에는 좀 모자라는 모양이에요. 좀 더 연구를 해 보아야 하겠지만, 공룡 X가 프로토케라톱스의 조상일 가능성이 아주 높답니다. 그렇다면, 우리나라에서 발굴한 화석이 뿔 공룡들의 진화 역사를 다시 쓰게 하겠군요.

공룡 X – 프로토케라톱스 – 트리케라톱스의 진화 경로

한반도에서 발견된 공룡 X의 화석은 공룡의 이동 경로와 백악기 시절 대륙 사이에 어떤 일이 있었는지를 알아내는 데 중요한 자료가 될 거야.

특히 뿔 공룡과 그와 관련된 공룡의 진화를 이해하는 데 많은 도움이 되겠지. 뿔 공룡 전문가들은 공룡 X를 프로토케라톱스의 조상으로 생각하고 있어. 공룡 X와 프로토케라톱스 모두 꼬리까지 긴 신경배돌기가 있다는 공통점이 있기 때문이지.

힘세고 늠름한 트리케라톱스의 조상이 우리 땅에서 살았던 공룡 X라니! 괜히 어깨가 으쓱거리지 않니?

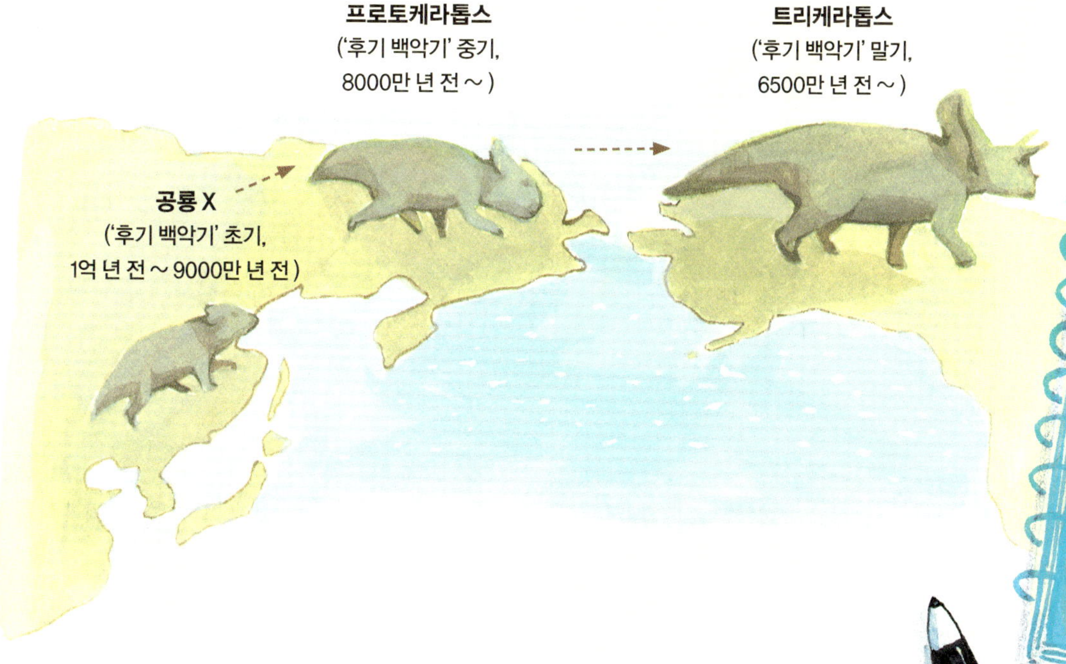

프로토케라톱스
('후기 백악기' 중기,
8000만 년 전 ~)

트리케라톱스
('후기 백악기' 말기,
6500만 년 전 ~)

공룡 X
('후기 백악기' 초기,
1억 년 전 ~ 9000만 년 전)

한반도에서 살던 공룡 X가 중앙아시아로 뻗어 나가서 프로토케라톱스로 진화했고, 프로토케라톱스가 북아메리카로 건너가서 트리케라톱스로 진화한 것으로요.

아마 공룡 X는 프로토케라톱스처럼 떼 지어 다녔을 거예요. 몸도 작고 특별한 방어 수단도 없는 초식 공룡이 육식 공룡으로부터 자기를 지키는 유일한 방법은 그것밖에 없었을 테니까요. 함께 몰려다니면 그만큼 감시의 눈이 많아져 커다란 육식 공룡의 접근을 좀 더 일찍 눈치챌 수 있지요. 또한 번식 철에도 집단으로 모여서 알을 낳았을 거예요. 화성시 시화호 근처에서 발견된 알둥지 화석이 공룡 X가 남긴 것일지도 모르지요. 물론 이것은 내 예상일 뿐 확실한 것은 아니에요. 언젠가 발견될 또 다른 화석이 답을 알려 주겠지요.

참, 저 녀석을 더 이상 공룡 X라고 하지 말고 이름을 지어 주면 좋겠어요. 화성시 시화호 근처에서 발견되었고, 화성시 송산면 고정리에서 발견된 공룡 알둥지 화석하고도 잘 어울리니까 '화성공룡'이라고 하면 어떨까요? 난 마음에 드는데, 여러분 생각은 어때요? 혹시 더 좋은 이름이 있으면 나한테 알려 주세요.

녀석이 흐뭇한 표정을 짓는 걸 보니, 제 모습이 점점 마음에 드나 봐요. 다행이에요. 난 이 틈에 얼른 가야겠어요. 어디로 가느냐고요? 어디긴요, 다른 화석을 찾으러 가야죠!

에필로그

내 친구를 찾아 줘!

저기, 육식 공룡이 날 노리고 있는 게 보이니? 그렇지만 나도 그렇게 쉽게 당하지는 않을 거야. 벌써 눈치채고 있거든.

박사님한테 툴툴거리긴 했지만, 사실 난 내 모습이 마음에 들어. 특히 이 꼬리가 그래. 이 꼬리 덕분에 내가 어떤 공룡인지 알게 되었으니까.

다른 곳에서 또 다른 화석이 발견되면 지금의 내 모습이 좀 바뀔 수도 있을 거라지만, 난 걱정 안 해. 틀림없이 더 멋진 모습으로 바뀔 테니까 말이야. 너무 잘난 척하는 거 아니냐고? 그럴 만하지 않니? 우리나라에서 발견된 공룡 화석 가운데 하반신의 모습이 온전하게 보존된 유일한 화석이고, 게다가 내가 뿔 공룡들의 조상일 수도 있다는 말, 너희도 들었잖아.

그런데 사실, 나 좀 심심하고 외롭단다. 나 말고는 우리나라에서 발견된 다른 공룡이 별로 없거든. 그래서 같이 놀 친구가 없어. 너희들이 내 친구들을 찾아 주었으면 좋겠는데, 어때?

앞으로 어디를 가든 두 눈을 부릅뜨고 화석을 찾아 줘. 혹시 지금은 공부하느라 너무 바쁘다면 너희가 어른이 될 때까지 기다려 줄게. 수천만 년을 땅속에서 기다렸는데 그 정도쯤이야 아무것도 아니지.

만약 너희들이 내 친구를 찾아 준다면 그 보답은 꼭 잊지 않을게. 보답이 뭐냐고? 내 친구를 찾아 주면 그때 알려 주지. 그럼 안녕!

추천사

공룡을 좋아하고, 공룡 학자를 꿈꾸는 아이들을 위한 훌륭한 지침서

이 책은 10퍼센트 이상의 높은 시청률을 기록하며 많은 사람들의 관심 속에서 방영된 특별 다큐멘터리, MBC스페셜 〈공룡의 땅〉을 책으로 펴낸 것이다.

이 책의 큰 줄거리는 화성시에서 발견된 공룡 X의 정체를 밝혀 나가는 과정이지만, 그 외에 영상으로는 볼 수 없었던 몽골 고비 사막의 공룡 탐사 과정도 아주 잘 담겨 있다.

또한 이미 오래전에 멸종한 '공룡'이라는 동물을 되살려 내기 위해 공룡 학자들이 어떤 노력을 기울이고 있는지에 대해서도 잘 알려 준다. 다시 말해, 공룡 학자들이 어떻게 공룡 탐사를 계획하는지, 공룡을 찾아 왜 고비 사막 같은 오지도 마다하지 않고 달려가는지, 또 섭씨 40도가 넘는 황무지와 모래 폭풍 속에서 공룡 뼈를 찾기 위해 높은 산을 얼마나 많이 오르내리는지, 어렵게 발견한 공룡 뼈를 얼마나 힘들게 발굴하는지 등을 생생하게 보여 준다.

우리나라가 주체가 되어 처음으로 수행하는 '한국-몽골 국제공룡

탐사'의 여정을 그대로 보여 주며 어린이와 청소년들에게 살아 있는 다양한 정보를 생생하게 제공한다는 점에서 이 책의 가치가 크다고 할 수 있겠다.

　탐사 대원인 제이콥스 교수의 말처럼 전 세계에 공룡을 좋아하는 아이들은 많지만 공룡 학자는 많지 않다. 왜냐하면 공룡 학자는 공룡을 좋아하는 마음에서 더 나아가 모든 고난과 역경을 이겨 낼 수 있어야 하며, 끈기와 인내심을 갖고 끝까지 기다릴 줄 알아야 하기 때문이다.

　공룡을 좋아하는 아이들에게 이 책은 좋은 지침서가 되어 줄 것이라고 생각한다. 이 책을 통해 더 많은 아이들이 공룡에 대한 더 큰 꿈을 꾸게 될 수 있었으면 좋겠다.

2009년 8월
한국지질자원연구원 책임연구원　이융남